中公文庫

大磯随想・世界と日本

吉田　茂

中央公論新社

目次

大磯随想

世界と日本

大磯随想・世界と日本

大磯随想

政治の貧困

日本では現在、政治の貧困ということが叫ばれている。事実、日本の政治は貧困に違いない。だが、或る種の人が殊更、誇張して貧困を言う気味もある。今の政治形態ではいけない、デモクラシーではやって行けない、という方向へ論理を持って行く為に、政治の貧困を誇張する向きがある。すると、それは民衆にアッピールする、事実、貧困なのだから。併《しか》しそれは現在の議会政治否定の方向を示すもので、我々は充分に注意する必要がある。

全く政治は貧困である。だが、貧困にならざるを得ないような宿命的なものがあるのであって、敗戦という事実があるのに、よき政治の行われる訳はない。現に日本にはデモクラシーというものはなかった。それが戦後になって与えられた。我々自身の努力によって手に入れたデモクラシーではない。

日本のデモクラシーは、出発後まだ日が浅く、大部分の民衆はその真意を理解していない。その為に議会政治にも貧困性が現れているが、我々は議会政治より他に日本の向う道はないと思っているから、あらゆる努力をして、そこへ向って行かなければならない。それが旨《うま》く行かないのは、政治家が無能であり、多少有能と思われる人達が戦後に追放され、七、八年後に解除された時は呆《ぼ》けていた、呆けていないものも時代のズレが出来ていた、ということがある。新しく出て来た人が無能だとは思わないが、まだ政治的の訓練と経験を積んでいない為に、国家を背負うだけの力が足りない。これ等が日本の政治を貧困に陥《おちい》らしめたと思う。これは敗戦の宿命的な現象とも言える。

併し私は決して失望していない。人間というものは進歩するのであって、将来は今よりも立派な人間が出て来ることを私は信ずる。昔の人間はよかった、今の人間は駄目だ、などとは絶対に言えない。だから、失望はしないが、ただ今の段階では思うように行かないのが事実である。

これを思う通りにしたいと思っても、直ぐに効き目のある薬などはない。気長に民衆にデモクラシーの本当の意味を体得させるように教育するより他はない。学校の教育、又、社会的の教育によって、その目的を達するように、政治家も民間の識者も努力しなければならない。

然るに残念ながら政府の方は、そうした意欲を失わせるようなことばかりしている。それは目先に重大な事件が後から後から起って、それに翻弄されるからでもあるが、日本の現状では何事でも壁にぶつかってしまう。この壁を突き破る為には、国民的な一つのムーヴメントが興らなければならない。

現在、日本では保守と革新の二大勢力が対立している。私は予《かね》てそうありたいと思って、多年主張して来たのだが、やって見たら、甚だ旨く行かなかった。何度かの国会でそれがはっきり解った。それにも拘わらず、私はやはり二大政党でやった方がいいと思う。四、五の政党が併立した為に、政治が非常に不明朗になり、混乱を来した。これでは困るから、二大政党対立のすっきりした姿で行こうと考えたが、それが実現してみると、旨く行かなかった。それは、形は二大政党になっているけれども、実質的には、保守党の中には自由と民主の二つの党が対立しているし、社会党にしても左と右の両派が対立している。まだ完全に溶け込んでいないからである。これが旨く行くまでには、二、三年の時日が必要だと思う。共通の広場が必要なのである。絶対的な対立の形の二大政党では、私は議会政治は成り立たぬと思う。所が、共通の広場はまだ出来てない。反対党はとことんまで反対する。殊に外交政策の如きは日本全体の利害に関係するから、そこに共通の広場がない筈はないのだが、それすらも日本にはない。

併し私は諦めてはいない。諦めるには早い。これが何年も掛った結果、どうしても旨く行かないとなれば、日本民族は議会政治を運営する能力なし、と諦めるより仕方がないが、そう諦めるまでは、大いに努力しなければならない。

私は日本共産党の将来は、一部分の人が見る程、過小評価しない。寧ろ非常に重大視している。共産党の活躍し得る環境があり、大きなスポンサーを持っているのだから。ただ問題はソ連の国内に於る態度が変って来たことである。スターリン死後に於るこの変化は、大いに注目する必要がある。第一に、今まで共産主義を信じた人程、共産主義というものは旨く行くもんじゃないということが証明されるようになった。日本共産党もそれだけ割引きされるようになるだろう。

現に共産圏の各国で動乱が起っている。これは今まであいうことが起らなかったのが不思議な位で、今まで如何に激しい弾圧が行われていたかが解る。ちょっと紐を弛《ゆる》めると、直ぐああいうことが起る。だから、ソ連や共産党の動きは、我々は絶えず注意する必要があると思う。

二院制度に就ては、大分問題がある。今のままではいけない。参議院も段々政党化して、今では二大政党対立になった為に、衆議院で第一回戦をやった後、同じようなことを参議院で第二回戦をやるだけのことになった。これでは一院制度と同じで、馬鹿々々しい。参議院に第二院としての職能を充分に発揮させる為には、選挙法を改正して、国民の知能を代表する分子を議席の三分の一、乃至四分の一位、選挙によらずして送りこむ必要があると思う。昔の勅選議員では困るが、そういう議員が中正な立場で行動すれば、参議院の大勢を動かす力になるから、後の議員は選挙によって出て来る人達でもいい。私は現在参議院に出ている職能代表が一番いけないと思う。単に職能とか、職域の利益を代表する人達が参議院を毒している。例えば参議院に於る暴力事件も、教育家という職能代表が一番猛烈に暴れた。彼等は教育家の利益を守ることに目が眩《くら》んで、参議院議員の職能を忘れたのである。

参議院の全国区議員は、本来、学識経験者を出す意味のものであったが、何ぞ知らん、全国的な組織を持つ労働組合とか、商業組合の代表者が出て、彼等の利益代表になってしまった。

アメリカの下院は民衆を代表し、上院は州を代表するのだから、二院と言っても日本とは建前が違う。又、イギリスの上院は現在、なきが如き存在で、ただ道徳的なブレーキの役をしているに過ぎない。併しイギリス位に議会政治が旨く行くようになると、その上院のブレーキさえも余り必要がなくなっている。

今の日本では、衆議院だけでは困る。どこへ行くか解ったものではない。参議院無用論もあるが、それは早過ぎる。参議院がブレーキを掛ける職能を発揮しさえすればいいのである。

明治、大正の頃にあった元老というものは、今日では復活する余地が全然ない。天皇が絶対的な権力を持っていた時の産物だから、今の時代に、仮令《たとえ》、誰が元老を任命した所で、何の意味もないと思う。外交関係の長老達が会合したりするのは、一部に素人外交家が出て来たことに対するレジスタンスだ。職業外交家の職権擁護運動である。併し真に国政に資しようとするならば、各種の審議会があるのだから、それを活用すればいい。審議会は整理しなければならない程、沢山設けられている。それ以外に、例えば元老などを作ったら、無用の長物どころか、混雑を増すだけである。のみならず、そんなものが出来るようになったら、日本の議会政治は先ず半ば以上は終りに近付いたと思って間違いない。

元老の復活などと言うと、直ぐ右翼が問題になるが、私は右翼は大したことはないと思う。厄介な存在ではあるが、これは堕落して暴力団化する以外になかろう。現に今の右翼団体と称するものの非常に多くが暴力団化している。軍部という最大のスポンサーを失った彼等は、恐らく自衛隊が増強して彼等のスポンサーとなることを望んでいるだろうが、その意味でも自衛隊の幹部には文官を置くことを厳守しなければいけない。

鳩山内閣[*1]の最大の欠点は、政治の能率が上らなかったことである。民主主義の原則は吉田内閣よりも進められたようだが、国民が鳩山内閣に失望したのは、政治の非能率という点である。この事実は掩《おお》うべくもない。然も政治の非能率が議会政治に失望させる大きな原因になった。鳩山内閣では何一つとして総理が問題を決めることが出来なかった。実に無能率極まる。これは或る意味から言えばいいことである。専制的に総理が決めないことは、確かにいいことだが、党内が不統一の為に政治の能率が悪いことは、決していいことではない。その点、吉田内閣の方が能率的だった。

ドイツの例を見ても、ワイマール憲法[*2]の後の不能率、不統一の政治が、第一次大戦後のドイツの復興を邪魔し、そこへヒトラーという専制者が現れると、これは独裁だからものの決りがいい。忽ち専制政治になってしまった。イタリアのムソリーニが出たのも、それと同じである。

だから、例えば鳩山内閣のような無能力な内閣が続くことは、その反動として国民を専制化へ追いやる危険性がある。

では、次代を担うホープはと言えば、これが見当らない。そのうち段々に出て来るのだろうが、今の所、見当らない。古い型の政治家がまだ活躍している一方、若い人たちはしゅんとしてしぼんでいる。これが民衆に絶望的な感じを与えている最大の原因である。

現在の日本民衆は、右へ行こうか、左へ行こうか、とまで思い詰めてはいない。併しもっと失望してしまうと、どうなるか解らない。殊に左へ行く危険性がある。

中共視察から帰った或る右翼の人が、「右翼は脱皮が必要だ」と言った。右翼を脱皮すれば左翼へ行くよりしようがないのだから、左翼へ行く積りかも知れぬが、左へ行く危険性に就ては充分考えなければならぬ。現に戦争中にも軍部は大分、左翼化していた。満洲国の如きは右翼の連中のやったことではなくて、左翼の思想で作られたのである。

日本は議会政治を基本にしているのだから、我々と考えを同じくする国と親しくしなければならぬのは当然だが、同時に、我々と考え方の違う国に対しても、いつまでも今のような対敵関係でいるべきではない。ただ日本が共産主義の国と付き合うことを恐れる慎重派と称する人たちの考えは、慎重派ではなく、恐共産党派と言うべきであろう。これは自分達の民主主義に自信を持っていないからである。アメリカは相当恐れているようだが、イギリス辺りでは恐れていない。フランスも同じである。これは自分達の民主主義に確信があるから恐れないのである。日本では確信を持っていない。私自身にしても、今日のように社会条件の悪い時に、共産主義を自由自在に宣伝されて、日本が大丈夫だとは言い切れない。併し無用に恐れるのは卑怯だと思う。これに対抗するだけの政治的手段に全力を尽すべきだと思う。然るに現在は力を尽していない。権力闘争ばかりやっている。そこが実に残念千万な所である。

＊1　**鳩山内閣**　鳩山一郎氏は第五次吉田内閣の後を受け昭和二十九年十二月十日第一次鳩山内閣を組織、ついで三十年三月十九日第二次内閣、同年十一月二十二日第三次内閣を組織し、三十一年十二月二十三日石橋内閣が組織されるまで政権を担当した。

＊2　**ワイマール憲法**　第一次世界大戦による帝政崩壊後、一九一九年、ワイマールで開かれた国民議会で成立したドイツ共和国の憲法。ヒトラーにより廃棄され

たが、近代の民主主義憲法の典型とされている。

思い出ずるままに

「アメリカとイギリスとは friendly に又、frankness を以て充分に話し合った」と、マクミラン英首相はバミューダ島会談[*1]の後で言っている。日本とアメリカとの間の話し合いもこのように友好的に、然も率直に話し合いを行うべきものである。

アメリカの対日政策は兎《と》角《かく》、中途半端なのを私は常に遺憾とする。所謂、反米感情はその為に起るのである。例えばアメリカが日本と安全保障条約を結んだのは、アメリカがただ日本が可愛くて結んだものではないだろう。アメリカの太平洋の戦略的必要から、又アメリカの国策的な見地から結んだものであろうと思う。又、日本も、日本自身の防衛と、国策的な考え方から結んだものである。この場合、この条約を実施して行く上に、もっと率直に色々話し合っていいのではないか。鳩山内閣の時、防衛分担金を値切った。それをアメリカ側は又、不同意を唱えて交渉が縺《もつ》れた。値切った方も値切った方かも知れないが、それだけのことに交渉を縺れさせるアメリカもアメリカだ。これはアメリカの対日援助政策が中途半端な所から起ったものである。

終戦直後、アメリカは食糧衣料その他、日本に相当な特援物資を送った。このことに就ては日本国民は饑餓を免れたとして感謝している。併しその後のアメリカの態度が対日援助に就て中途半端である為に、折角の恩恵も、恩は忘れないままに、反米感情が日本国内に起るようになっている。

アメリカの対日政策は稍々《やや》一人よがりの所があったのではないか。自信が充分になかったのではないか。自信がないとふらふらする。善意であるのは解るが、自信を以て徹底した態度を取るべき所を、それが徹底しない。例えば鳩山内閣の外交方針が間違っていると判断すれば、アメリカは日本に対する友好的な心構えからも、又、アメリカ自身の国策的な見地からも、鳩山内閣に対して強い言葉で忠告なり、勧告なりをすべきだった。

アメリカの対外援助政策はどうも不徹底であり、自信のある行動と思えない節《ふし》が多い。例えば東南アジアに対する援助にしても、東南アジアの実情を充分に徹底的に知った上でないと、猫に小判を与えたのと同じことになる。猫は小判を貰っても、それを役立てることを知らない。猫には鰹節が一番いいのである。鰹節よりも小判が価値があるのだからと、小判を押し付けるようなことをアメリカはやっている風に見える。もし本当にアメリカが東南アジアの繁栄を図り、生活程度を引き上げ、共産主義の侵入を防ごうとするのならば、一番、東南アジアの実情に詳しい日本と相談し、寧ろ日本の東南アジアに対する深い認識をアメリカが利用して、東南アジア援助の協力的方策を樹てるべきである。何となれば、日本にとっては東南アジア開発は死活の問題である。支那が閉鎖された今日、日本は工業資源や国民の食糧を東南アジアに求めようとするのである。この日本の必要を利用する方が米国にとっても、安上りにその目的を達する筈であり、然も援助を受けた国にとっても、より大きい利益が齎《もたら》されることになるだろう。

貧乏人にイヴニング・ドレスやフロック・コートを与えるよりも、シャツを沢山与えた方が喜ばれるのである。日本と協力することが廉価な、且つ実際に適する施策となるのみならず、植民地政策などと誤解されることがなくなる。そういうことをアメリカはあらゆる場合に就て、もっと深く考えるべきである。単なる金持外交は、その国に反米感情を植え付けるだけである。

ソ連は資本主義国家は資本主義自身によって自壊作用を起すというが、寧ろ共産主義国家こそ自壊するものと思う。現に実例が目前に展開している。例えばハンガリー、ポーランドなどは生活程度が低い。叛乱はそこから根ざすのである。今でも食糧を得る為に人々が行列をするのは共産主義国家だけである。貧乏な国、物資の乏しい国でこそ、共産主義は存在し得る制度である。併し物資がある限度以上に乏しくなれば叛乱が起るし、物資が豊かになり、経済が繁栄状態となれば、その国では共産主義は勢力を失う。現に、西独は経済繁栄復興とともに共産党員が激減しつつあるそうである。何れにしても共産主義は、貧乏の或る限度に於て存在し得る。貧乏がその極に達すれば叛乱となり、繁栄すれば共産主義は自滅する。現に、その現象が起りつつあるではないか。この点を自由主義諸国家は、もっと声を大にして強く指摘すべきである。

日本の今後の外交政策上の大きな問題として中共対策がある。日本にとっては支那大陸との通商が解放されなければならない。支那大陸の資源を日本に輸入しなければならないし、日本の中小企業にとっても、支那大陸は大切な市場である。これが解放されれば、日本の復興は一層勢付けられる。アメリカも支那大陸との貿易を、ただ封鎖することばかり考えないで、貿易を解放し、中共にも繁栄を齎し、「共産制は儲からぬ。自由貿易の方が儲かるぞ」ということを支那の民衆に充分に解らせる方策を取るべきだと思う。自由な貿易通商の方が儲かるという哲理は支那人が、先天的に最も理解する所である。

中共はソ連とともに共産主義国家の枢軸となっている。この両国を分断することを自由主義諸国はもっと真剣に考えるべきである。このことに就てはイギリスは解っていると思う。併しアメリカその他の自由主義諸国はもっと深く具体的にこの点に就て考えを廻らすべきものと思う。私は具体的な考え方をして、やはり、支那大陸を経済的に解放して、もともと自由主義的な商取引を好む支那人に自由経済のよさを、もう一度充分に味わわせることから考えを出発させるべきだと思う。その方法を慎重、且つ巧妙にやれば支那人は必ずや自由主義経済の繁栄に身を寄せるようになるだろう。

さて、眼を日本国内の政情に転じてみよう。現在、日本の政治は自由民主党が絶対多数を制して、政局は一応の安定を見ている。併し今後は、自民党の幹部達が力を合せて政治の仕事を進めるべきである。党内から党の統一を乱すような動きをすることは、最も非民主主義的なことである。皆が虚心に力を合せて、責任者が政治外交の上で大きい仕事をして行くならば、そういう責任者は今よりも、もっと自信を持つことが出来るだろう。そうして行くことによって、自由民主党内の派閥も次第に解消して行くし、その責任者がいい仕事をして行くことによってこれを助ける人達の力も、それにつれて伸びて行くものである。

秩序ある保守政党では、総裁を選ぶのに決選投票というような手段を取るものではない。自《おのずか》ら後継者というものは自然に決って来るべきものである。今の自由民主党でも責任者を助けて行く人々の間に、自ら甲乙丙丁の順序が付いて来るものであって、その人達の力が伸びて来れば自然に後継者が出来て来るものである。

日本の社会党に就て。――社会党が福祉国家の建設を唱え、国民の福利厚生を強く政策の中に盛り込むことは結構である。併し現在の社会党は総評の強力な影響の下に、ストに追いこんだり、徒らに賃上げ闘争に荷担するようなことに終始し、更に又、共産主義を非としながら、藪から棒に中共との国交回復を主張したり、国家の利益よりも、手段を選ばずしてただ政権に近付かんとしてあくせくするかに見える。こんなことにのみ浮身を窶《やつ》すようでは、社会党には政権は当分来ない。又こんな政党に国政を託することは出来ない。

日本の国民は労働者だけではない。もっと国民全体のことを考えねばならない。階級政党では政権を担当することは出来ないのである。社会党はもっと遠謀深慮を持つことを切望して止まない。

最近、日本の経済復興は目覚しい。敗戦後、独立未だ十年に至らずして、これだけ復興した国が世界のどこにあるか。驚異的であると言うべきである。先日、偶然、東京都内を、上野から新橋までの大通りを通った。敗戦直後は殆ど焼野原であった所が、既に戦争の跡など少しも見えぬ程に、町並がしっかりした建築となり、ビルディングが数多く建てられている。商店に並べられている商品は、日用品からかなり高級なものに至るまで、品種も数量も豊富であり、質もいい。自動車は交通輻輳《ふくそう》してロンドンやパリの上に出ており、人出は更に多い。私は日本国民の資質と勤勉がこの復興繁栄を持ち来したのであると考えて喜びに堪えない。日本国民もその特質に就て充分の確信を持ち、日本の繁栄とともに、世界平和の増進に力を致すべく深く覚悟し、発心《ほっしん》すべきである。

＊1　バミューダ島会談　アイゼンハワー米大統領とマクミラン英首相が、一九五七年三月二十一日から二十四日まで、大西洋上のバミューダ島において、ダレス国務長官、ロイド外相を交えて国際問題の検討を行った会議。

先日、或るアメリカ人が私の所へ来た。ソシアル・サイエンスとかいう学問をやっている人で、日本を研究に来た、と言っておった。

私はその人にこういう話をした。——

今、アメリカが東南アジアの諸国をひっくるめて反共同盟を作り、SEATOなどと言っておるが、可笑《おか》しな話じゃないか。それ等の国は皆、零《ゼロ》ばかりなのだ。零を幾ら集めても零じゃないか。そこへ日本が入れば、初めて心棒が出来ることになる。日本を入れないでSEATOなどと言っておるのは、実に可笑しいことだ。

「支那は目覚めつつある」ということを欧米人が言い出したのは、随分前のことである。先年、私が支那におった時分にも盛んに言われていたが、その以前から言われておった。大体、阿片戦争の時、つまり一八四〇年代、曽国藩《そうこくはん》*1が出て来た頃から、支那は目覚めつつあると言われた。

併しそんな昔から目覚めつつあると言われながら、支那は今なお目覚めていない。眠っているのだ。支那と言えば、古代文明国として非常に偉大なものであるが、実はそれだけでおしまいになって眠ってしまった。そして今なお眠っているのである。

所が、事情を知らない外国人が見て、支那は目覚めつつあると思ったのだ。それは支那には人間が多いし、中には立派な人もおるものだから、ちょっと見ると、目覚めつつあるように見える。併し支那自身は決して目覚めていない。それを目覚めた如くに感じさせるのは、支那にいる外国人の活動である。支那に在留する外国人が支那に於て活動する、それが恰《あたか》も支那をして目覚めつつあるかの如き感を与えたのである。その在留外国人の中でも一番数多いのは日本人であって、日本人の活動が恰も支那自身の目覚めつつあるが如くに見せておったのだ。支那は今なお目覚めておらず、これから先どの位眠っておるか解らない。これを目覚めた如く見違えたのは、欧米人、そのものである。

本当に目覚めたのは日本人である。日本のことを考えて見よ。明治以後百年間、それまでは日本などという国はどこにあるか、どんな国か、世界中の誰もが殆ど一人も知っていなかった。極東の名もない一孤島である。

その極東の孤島が百年たつかたたない間に、日清、日露の両戦争、更に第一次世界戦争を経た後には、世界の五大国の一つになったのだ。そして付け上ったものだから、とうとう第二次世界戦争をやってしまったのだが、一頃《ひところ》は西はインド、東はアメリカ、濠洲まで、うんと脅したのだ。昔、アレキサンダー大王が中近東を席捲して史上に雄名を残した。けれども、アレキサンダー大王の征伐したという区域はそう大したものではない。日本は少し法螺《ほら》を吹けば、西はインド、東はアメリカ、濠洲、北はソ連と、太平洋の一帯を脅したのだから、アレキサンダー大王の事績に比べて大したものである。併しアレキサンダー大王という偉い人があってやったのに比べると、日本の大東亜戦争というものは、日本側に偉い人は一人もいなかった。東条とかなんとかいう偉くないのが、偉いような顔をして無謀な戦争を起したのである。その結果、敗れたけれども、兎《と》に角《かく》、この広い区域の間を横行闊歩したのだ。こんな雄大なことが世界の歴史に今まであったか。この偉い日本人種を度外視して、SEATOも何もあったものではない。

又、無謀な戦争をやって、ひどくやっつけられた結果、終戦の時には再び起《た》つことが出来ないだろうと思われた。東京を見ても、家らしい家は殆どなかった。全く焼野原で、我々自身でさえも、どうしてこの日本が再びもとの日本になり得るかということを疑った位だった。食う物はなし、住む家はなし、着る物はなし、どうも惨澹たる状態にあった。

その日本が兎も角、十年の間に、自動車の数から言っても、ビルの数から言っても、戦争以前の数倍、数十倍の繁栄を来している。これだけの復興をやった国が他にあるか。ドイツの如きは、ベルリンでもどこでも、これだけの回復はしていやしない。

この日本を度外視してＳＥＡＴＯを作っても意味をなさない。寧ろヨーロッパのＮＡＴＯに倣《なら》って、日本を中心とするＦＥＴＯを作り、共産国に対抗することを考えなければならない。

その為には、日本人自身ももっと自信を持つ必要がある。日本は偉い国だという自信を持つべきである。ソ連へ行って、どうか魚を取らして下さい、と頼んで、逆に威《おど》かされたり、支那に行って、貿易をさせて下さい、と頼んで、国旗を掲げるとか掲げないとか、台湾から威かされたり、そんなけちなことをしておってはいけない。

対中共の貿易を余りに誇大に考えるのはおかしいと思う。昔とは全く事情が違っているのである。もし中共に輸出入の余力があるのなら、それはソ連へ持って行ってしまう。ソ連に持って行った余りを日本に出すのだから、大したものがある筈がない。

一昨年か、フルシチョフとブルガーニンがロンドンに行って、ソ連と仲よくすれば、ソ連はイギリスに年間八億パウンド乃至十億パウンドの注文を出す、と言った。これに対してイギリス人は、お払いはどうしてくれるのだ、第二次世界戦争以前に於ては、ソ連はクリミヤの小麦とか、産金によって輸入超過の支払いをしておった、今日のソ連は人口が殖えたものだから、小麦を外国に輸出するだけの力はないし、金産額も年々衰えていて、貿易の決済をするだけの力はない、お払いはどうするのだ、と言ったので、話はおしまいになった。

そのことでも解るように、共産国家と貿易をして多くを期待するのは、可笑しな話である。私はソ連を知らないから、何とも言えないが、少くとも支那に就ては、そんな輸出余力がある筈はない。

　例えば紡績にしても、いいものは買う余力がないし、悪いものは支那自身が拵える。だから、日本とそんなに貿易する筈がない。鉄材とか石炭などは、もし余力があれば、ソ連へ持って行ってしまう。共産国は消費物資がなくて困っているのだから、あらゆる所から召し上げて行く。だから、日本が支那に消費物資を出せば、向うは喜んで買うだろうが、買ったものは皆ソ連へ持って行って、お払いは拳骨《げんこつ》で来る、というようなことになってしまう。

　現に、東南アジアへ物資を売り込んだが、一億七千万円が焦《こ》げ付いてしまった。それをこの間、岸[*2]君が行って棒引きして来たが、棒引きするような貿易なら、商売にはならない。そういう点から考えても、中共貿易に大きな期待を懸けることは間違いだと思う。

　いつだったか、ソ連へ行く前に高碕[*3]が私の所へ来て、ソ連へ行ったら大いに条約論をやって来るとか、色々なことを言っておった。それで私は、一体ソ連という国は約束を守らぬ国、条約を無視する国なのだ、その国に対して条約論をやっても、馬の耳に念仏じゃないか。そんなことで外交で成功しようなんて大間違いだ。ソ連に対しては、威《おど》かすか、食わすに利を以てするか、この二つ以外にないのだ。例えば、漁業問題で日本の漁師何十万か何百万を怒らして、ソ連に対して怨みを抱かせ、悪感情を生ぜしめたならば、日ソ国交なんて言ったたって、出来やしない。のみならず、喧嘩にはなるかも知れないが、仲よくする筈がない。それよりも、八万トンなどと言わずに十五万トン獲《と》らせろ、そうすればお前の方へ五万トンを安く売ってやる、というように利を以て食わせる。それをしないで条約論なんかやったら向うは笑いはするが、感服して聴く訳がない、と話してやった。

共産国家というものは政治国家であって、経済国家ではないのだから、そんな国と通商協定とか、漁業協定をやっても、どれだけ期待出来るか。政治上の目的に適《かな》えば承知するかも知れないが、鱒や鮭が政治上の目的に適う筈がない。だから、日本をいじめる為に取らさないということはあり得るけれども、日本人を助けてやろうとか、恵んでやろうとか、繁栄させてやろうなんて、そんな洒落た気持のないことは解り切ったことだ。

イギリスは通商貿易というものが国是だから、中共との貿易も禁止はしておらないが、されぱと言って焦げ付くような貿易はしない。余程、用心して掛っておる。先ずお払いはどうするのだ、ということから決める。日本はお払いのことは考えずに、ただ売ることだけ考えて、焦げ付けば棒引きというのだから、相手の方は、日本はいい国だと思っているだろう。

兎に角、イギリスはもう支那貿易を諦めて、ジャーディン・マセソン[*4]なんかは引き揚げてしまった。それを日本では盛んに中共貿易と言っておる。これは関西の余りものを知らない実業家、或《あるい》は商売人が、昔の夢を追って現実を見ない議論だと思う。昔は支那貿易の為に大阪の市場は繁盛しておったのだから無理もないが、今日では事情が違っているのである。

防共とか、反共とかいう点に就ては、アメリカと日本とは協同すべき立場にある。然も日本は最前線にある。ソ連に最も近い所にあるのだ。所が、日本では自分の力で自分の国の独立を守る、という御趣旨は結構のようだが、今、世界中にそんな国はありやしない。そんなことは昔のことなのだ。今は国防というものが大規模になったから、国防の自主は出来ない。イギリスにしても、その国内にはアメリカの航空隊がいるのだし、フランス、ドイツ、悉《ことごと》く英米の兵隊がおる。アメリカさえも一種の協同防衛をやっておるのだ。今度も原子兵器の基地をどこへ設けようかと、色々やっている。こうしてソ連に対する自由国家の協同防衛をやっているのに、日本が日本だけで独立を守ろうなんて、洒落臭《しやらくさ》い話だ。井の中の蛙、天地の大を知らない議論だと思う。

そういう意味で、米軍の全面引き揚げはアメリカも馬鹿だし、日本も馬鹿じゃないか。アメリカは日本が可愛くて日米安全保障条約を結んだのではない。共同の利害があるから、協同防衛をするというのである。その共同の目的の為にアメリカが兵隊を日本に置くという基本原則からすれば、日本側が引き揚げてくれと希望したからと言って、そんなことは危いぞ、協同防衛は今日の天下の定法《じようほう》じゃないか。お前の国から俺達が引き揚げて、お前の国がやられたらどうするのだ、と日本に対して忠告するのが友誼というものじゃないか。引き揚げてしまって、危いぞ、今に滅亡するぞ、やられるぞ、と、高見の見物をしているのは、根性がよくないじゃないか。こういうことをアメリカに言いたい。

第一、日本人も何の自信があって、アメリカに兵隊を引き揚げてくれと言ったのか。これによって一部のものから歓迎されると思ったのかも知れないが、国を危くして何のプラスがあるのか。何の手柄になるのか。これが私として強く言いたいことである。

数年前に私はドイツへ行って、アデナウアーに会った。その時に、私はあなたと同じような仕事をしているので、あなたのことを商売仇《がたき》だと思っている。併しドイツには石炭その他の資源があるし、近くにマーケットがある。そうして国民は技術に於ても、学問に於ても、経験に於ても、非常に優秀だ。これをどんどんやられれば、こちらは敵《かな》わないと思っておった。併しながら事情を考えてみると、我々は資材もなく、近所は貧乏人ばかりだ。我々の復興の仕事は非常に苦しいが、ドイツの如く東西に分れてひどい目に遭うようなことはなく、旨《うま》く行っている。――その当時、日本の外貨の保有高は十二億幾らかで、ドイツは九億ドルに達してない。そこで私は内心勝ったと思ったのだが、勝ったと言ってしまっては話にならないから、競争相手と思っている、と言って置いた。そして、併しながらボンに来て見ると、あなたの善政は誠に立派だ、私は白旗を掲げてアデナウアーの軍門に降る、と言ったら、彼、大いに喜んで、それ以来、大いに親交を結んで友人関係を保っている。

その時は実際に勝ったと思ったのである。所が、最近の成績は比べものにならない。ドイツは六十億ドル以上の外貨を持っているけれども、日本は十二億かそこらで、その中には焦げ付き債権があるというのだから、目も当てられない。

鳩山内閣の時に、景気がいい、神武景気だなんて言ったが、その実は外貨を使ってものを買って、それで景気がいいと言っておった。だから、目が覚めてみたら臍繰《へそく》りがなくなっていた。実に飛んでもないことで、吉田内閣の時に苦心惨澹して憎まれながら倹約した臍繰りが、皆使われてしまった訳である。鳩山は何とかして人気を取ろうとしてやったのだろうが、国の計算を忘れて自分の人気を考える、これが政治家の最も悪い所である。もっと着実に、足を地に着けてやって行かなければならない。

併しもう一息だ。日本人がもっと自信を持って、しっかりやって行けば、何とかやって行ける。自信と言っても、根拠のない自信の持ち過ぎは困るが。

＊1 **曽国藩** 長髪賊の乱を平らげた清末の政治家。名は滌生《てきせい》、湖南省湘郷の人。一八一一〜一八七二。

＊2　岸　昭和三十二年、岸信介氏は総理大臣として、東南アジア地方に親善旅行をした。

＊3　高碕　高碕達之助氏は昭和三十三年、日ソ漁業交渉のため、政府代表として訪ソした。

＊4　ジャーディン・マセソン　イギリスの代表的な貿易商社。JARDINE MATHESON and CO., Ltd.

外交と勘

先年一九三四年、在外公館の巡視の途、ニューヨークに於て Colonel House[*1] を訪問せるに、氏は最も真剣なる態度にて語り出して曰く、外交の「勘」のない国民は亡びる。第一次世界戦争の直前にウィルソン大統領[*2]に代りてドイツにカイザーを訪問し、開戦の非を説きて、その反省を促した。併しドイツは、遂に第一次世界戦争に突入し、一敗地にまみれ、ベルサイユの降伏、パリの講和会議となった。ドイツのこの例は、日本の深く鑑《かんが》みるべき所である。日本が開戦を避け、平和を選ぶに於ては、自然アジアの一大強国となるべく、戦争に突入せば、ドイツの轍《てつ》を踏むは必定、ドイツの例を深く鑑みるべきである。老人の言として、自分の戒めをよく聞くがいい、と言われた。

これは Colonel House の信念より出ずる言葉であったが、その後、近衛文麿公が同氏を訪ねた時も、同じことを聞かされたそうである。

Colonel House の言のごとく、我が国が大東亜戦争に突入することもなく、敗戦という非運に出会わずば、世界の一大国として今日に至ったであろう。併しながら今日と雖も、果して我が国民に正しき外交の「勘」があるか、自分は甚だ迷いなきを得ない。

近く頂上会議が開かると聞けば、天晴れ知識人とか、政治家とかいう人のうちに、直ちに東西融和を期待し、国際関係の雪解けなどと吹聴《ふいちよう》するものがある。

東西の二、三の大国が集って頂上会議を開いても、世界の大問題が忽ち解決されて、平和の雪解けなどというが如き事態になる筈はない。

現に頂上会議の提唱者の一人たるフルシチョフは、インドネシアに於ては、日米新安保条約を以て軍事同盟なり、アメリカ帝国主義の発現なりと非難し、更にパリを訪問しては、故意にヒトラー、ナチの往事を引いて往年のドイツの軍国主義の脅威などこと新しく吹聴し、ドイツ、フランスを離間せんとするような発言をしている。

かかる政治家が頂上会議を提唱し、東西融和を説いても、果して平和の雪解けとなるべきや。胸に一物を抱いて、徒《いたず》らに平和の宣伝をなすものと思う他はなく、平和そのものが招来するとは思えない。

頂上会議が果して世界平和を持ち来すならば、甚だ結構であるが、逆に東西関係を更に緊張せしめ、共産主義国が他国に対し一層、侵略的態度を取るに至るが如きことなきを保証し難い。もし事態ここに至らば、共産主義国に直ちに隣接する日本とドイツは、先ずその鉾先《ほこさき》を受くるであろう。

日本と西ドイツは、ともに戦後復興の勢目覚しく、急激な繁栄振りを展開している。会議終了後、共産主義国がアグレッシーブな政策を取るに至れる場合、ドイツ及び日本が共産主義攻撃の第一の的となるは必然である。由来、共産主義国の対外政策は力以外に理解せざるやり方である。現に我が国を目標として友好同盟条約を結んでいるのは中共とソ連である。

日清、日露戦争の昔までには論及はせざるも、大東亜戦争終戦の一週間前、ソ連は突然兵を満洲に入れ、日ソ不可侵条約を信頼して何等の対ソ準備をなさざりしわが軍を急襲して全軍を捕虜となし、公私我が財産を押収、占領して、以て今日に至れる事跡は我等の記憶に新たなる所、一九五一年の朝鮮南北の事件にしても、更に又最近のチベット問題、インド、ビルマとの国境問題にしても、凡《すべ》て力の発現である。

何等の理由なきに他国の領土を侵し、国境線を侵略する。これが共産主義である。自国が力付いたと思えば、直ぐに隣国を攻略するのである。中共はやがて人口が七億になる。生産が上昇し、ソ連がその背後にあると考えれば、忽ち国境を越えて近国を攻略せんとする。ソ連も亦然り。生産急激に上昇し、やがてアメリカを凌駕《りようが》すると宣伝し、東西平和共存、軍備縮小を提唱するかと思えば、ベルリン問題を提案し、欧洲諸国が聴従《ちようじゆう》せずば、そのベルリン駐兵権を否認し、東ドイツと単独平和をなすと脅迫し、国際条約を廃棄して顧みざる態度を示す。故に頂上会議によって東西雪解けをと直ちに妄信することは出来ない。各国主脳者が往来して頂上会議の対策を講じている実情を、日本としては余程考えるべきである。欧米大国は直ちに平和の雪解けなどと妄信するものは少い。我が国に於るが如く、平和の雪解けを信じて、共産主義国との国交の回復を提案し、或は共産主義国の主脳者を我が国に招待すべしなどと言い出すような軽率な真似はしていない。国際関係に就ては、真に慎重に考えるべきではないか。我が国民の国際常識、及び「勘」は大いに養成する必要がある。

私は昨年末、東南アジアに出掛けた。当時、私は一つの希望を持って出発した。目的なしの、単なる漫遊ではなかったのである。戦後の日本は満洲、朝鮮などの海外領土を失い、原料供給の資源を失った。それに代る土地として、深い経済関係を持つようにしたいと思って歴訪したのである。未だその時にあらざるを見て、失望して帰って来た。

私は東南アジアの資源を開発し、工業原料の供給を得て、我が国産業の資源を確保するとともに、それによって東南アジアの開発を期待したのである。併し東南アジアの現状は、私の期待に反したものであった。彼我相互の為のかかる経済的団結と提携を考えても、相手国がその気になって我が国に同調し、経済生活の向上とか、共同経営とかに憧れを持ち、我が国の希望を理解するだけの用意がなければ、徒らに相手方の猜疑心を挑発し、何等かの野心を持って相手国に対するが如き誤解を抱かしめ、却《かえ》って国際関係を悪くするだけでである。我が国より農業技術者でも送って、先ず以て米作の改善などの実益を与え、相手国民の経済を一層発達向上せしめ、欲望、希望が出るまでは、仮令《たとえ》、相互の為なりと信ずる経済提携も無益である。要するに、未だその時期にあらずと思ってそのまま引き揚げた。

韓国の問題に就ても同様である。

李承晩政府が対日貿易を阻害し、領海を越えた公海に李承晩ラインなる禁漁区域を設け、これを侵したとの理由にて幾多の我が漁民を拘禁するが如きその無法なる態度は許すべからざる所にして、罪のない漁民の捕獲には、我が政府は断然たる処置を取るべきである。併し他面、我が国はやがて一億の人口を擁する巨大なる国である。主張すべきは主張して聊《いささ》かも仮借《かしやく》する要なきも、その他に就ては、性急にことを処理せんとするは宜しからず。

外交に「勘」の大事なることは、前述の通りであるが、政治には凡て「勘」の働きが大事である。政治にも「勘」の悪き国民は亦国を誤る。近時デモなどの動きを見るに、我が国民は政治にも亦「勘」のなきことを思わしむるものがある。民主政治とは、徒らに民衆に媚《こ》びるものにあらず。人権尊重の余り、公共の安寧秩序を顧みざるが如き、民主国家として最も忌《い》むべきことである。

公共の安寧秩序の保たれて後に人権が尊重されるのである。人権を尊重するの余り、安寧秩序を軽視するに至っては、民主政治は滅び、革命を招来する。イギリス議会に於て議長が「オーダー」と言えば議員は静粛に返り、デモ民衆も警察官の姿を見れば静粛に返る風習は、我々の深く顧みざるべからざる所である。

日教組の如き教育の局に当るものがピケ、暴力を以て秩序を破壊して顧みざるが如き暴状は許すべからざることである。

公共の秩序を侵し、警察官に追跡せらるる学生を大学自治会が保護、擁護し、国会に対して国民請願を標榜し、その構内に侵入せんとし、或は警察官に対して暴行するが如きは、民主国家に於て甚だ卑しむべきである。然るにかかる学生教育に対して国民が正当なる批判をなさざるは、不可解至極である。或は共産主義者の操縦する所か、将又《はたまた》、革命主義の前哨戦を試みつつあるにあらざるか。我が国の如き直接に国際的共産主義の禍を蒙らざりし国民として、近時現れ来れるデモの暴状は大いに警戒すべきである。

＊1　Colonel House　ウィルソン米大統領の懐刀として、第一次世界大戦の前後、国際外交舞台で活躍した。エドワード・ハウス大佐として有名であるが職業軍人ではない。一八五八～一九三八。

＊2　ウィルソン大統領　アメリカ第二十八代大統領、民主党。一九一七年、対独宣戦を布告、一九一九年のヴェルサイユ講和会議には十四個条の平和原則を提唱して活躍した。国際連盟の生みの親。一八五六～一九二四。

偶感

飛行機の発達したせいで、各国首脳の往来が盛んになった。私が初めてヨーロッパへ行った時は、船で横浜を出てから五十日掛ってやっと目的地に着いたものだし、サンフランシスコまででも二週間以上掛った。現在は数時間、数十時間で忽ち行ける。全く飛行機の発達は大したものだ。

私は飛行機を危いものだと思ったことは一度もない。第一次大戦の後だったか、いつか、ジュネーブからパリへ行く時、その日の朝になって電話が来て、天候が悪いから飛ばないと言う。やれやれと思っていると、急に又、飛ぶという電話が来た。急いで飛行場へ行って見ると、ひどい霧だ。これじゃ危険だと言って、取り消して帰った乗客もある。私も止めたかったが、大使館の連中が二十人位、見送りに来ている手前、止むを得ず乗った。外界が見えない位ひどい霧で、その中を飛び上ると忽ち二、三回、エア・ポケットに入った。

これは厄介《やっかい》なことになったぞと思っていると、パイロットが私を見てニコッと笑って、「飛行機は落ちないように出来ているから、御安心下さい」と言った。

その頃でもそうなのだが、今では更に進歩したのだから、全く安心して乗っていられる。各国の首脳者が度々会って話をすれば、問題が早く解決するという実益がある。或は早く解決し過ぎて困ることもあるかも知れない。ソ連のフルシチョフは最近頻《しき》りに各地を訪れているが、東南アジアへ行くと、新しい日米安保条約は軍事同盟だ、アメリカの帝国主義がそうさせているのだと発言し、パリを訪れた時は、故意にヒトラーのナチスの事例を引いて、往時のドイツ軍国主義の脅威を述べ、フランスとドイツの間を離そうという意図の発言をしている。更に口では東西平和共存、軍備縮小を提唱するかと思えば、ベルリン問題を提案して、もし西欧諸国が反対すれば、西欧諸国のベルリン駐兵権を否認し、東ドイツと単独平和条約を結ぶと言って脅迫している。これ等のことをよく考えれば、本当に平和を愛するのではなく、胸に一物あっての言動をしているのであって、これでは東西の「雪解け」はそう易々《やすやす》と来そうもない。

先日、西ドイツのアデナウアー首相が日本に来た。身を以て日本の復興の実情に触れ、友好を修めようとの目的であろう。前に私が西ドイツを訪問した時、自分はアデナウアーに、「私はあなたと一緒に敗戦後の復興という同じ商売を始めたが、日本は資源が乏しい。碌《ろく》な石炭はなし、鉄もない。然も近隣はそれ以下の貧乏国ばかりだ。これに反してドイツは、自分の所から立派な石炭が出るし、鉄もある。近隣は金持ばかりだ。同じ復興という仕事をするのでも余程、難易がある。日本の方が苦しいんだ。にも拘わらず、日本は立派に復興した。今、西ドイツは九億ドルの外貨を持っていると言う。我々は十二億ドル持っているから、結果に於て我々が勝ったのだ、と考えていた。所が、実際に西ドイツへ来て見ると、存外、君の方が旨く行っているので驚いた。私は白旗を掲げてアデナウアー将軍の下に降る」と挨拶した。

併し今日となって見ると、益々その開きは大きくなった。西ドイツは六十億ドルの外貨を持っている。日本は十二億ドル。大蔵大臣は、「いや、計算の仕方によっては二十億以上ある」と言うが、それにしても西ドイツの三分の一で、ちょっと比べものにならない。

私は昨年の末、東南アジア各地を旅行した。私としては一つの希望を持って出発したのである。目的なしの単なる漫遊ではなかった。戦後の日本は満洲、朝鮮などの原料供給の資源を失った。そこでこれに代る土地として、東南アジアに深い経済関係を持つようにしたいと思って歴訪したのであるが、現在はまだその時期でないという結論を得たので、失望して日本に帰って来た。

私は東南アジアの資源を開発し、工業原料の供給を得て、我が日本の産業の資源を確保するとともに、それによって東南アジアの開発をしたいと期待したのである。併し東南アジアの現状を見ると、それは私の期待に反したものであった。日本と東南アジア相互の為の経済的団結と提携を考えても、相手国がその気になって我が国に同調し、経済生活の向上とか、共同経営とかに憧れを持ち、我が国の希望を理解するだけの用意がなければ、決して問題は進展しない。徒らに相手方の猜疑心を挑発し、何等かの野心があるのではないかと誤解されるだけである。それでは却って国際関係を悪化させるだけに終ってしまう。先ず、我が国から農業技術者を送って米作を指導し、改善するなどの実益を与え、東南アジアに住む人達の生活を向上させ、経済を発達させれば、もっと生活を向上させたいという欲望が出るであろう。そうした希望が生れてからでなければ、仮令、こちらとしては相互の為にいいことだと信ずる経済提携を説いても、結局は無益である。要するに、現在はまだその時期にあらずと思ったので、そのまま帰って来た。

東南アジアを訪問するに先立って、私はオーストラリアへ行った。ニュージーランドへも行った。これも日本との関係をもっとよくしようという考えがあったからである。

オーストラリアやニュージーランドでは今度の戦争で日本軍の襲撃を受け、終戦後も日本に対する憎悪が去らず、日本に悪意を持ち、排日感情が強かった。両国の国交が回復して、キャンベラに大使館を持ちたいと思った所が、誰一人として家を貸してくれる人がなかった位である。併し日本としては対日感情の好転を望んでおり、バターを買い、羊毛を買い、小麦を買い、相当量の輸入をしている。言わば、日本はオーストラリアのいいお得意なのである。それでも悪感情を持っているとすれば、誤解から生じたもので、日本は他国を侵略するような危険な考えを持っているものでないことを説明しなければならぬ。それには、先ずオーストラリアの現状を見て、その上で対策を立てるべきだと考えて、私は訪問したのである。

訪れてみると、対日感情は大変よくなっていた。現に首相、外相が日本を訪問して、日本の国情が解ったせいもあろう。私自身もかの地を見てよく理解出来たし、政界、外交界のものが海外を見に行くことはいいと思う。在外機関もそれぞれ一生懸命に働いて、本国に報告しているが、報告書を読むよりも、自分の目で見た方がよく解る。又、自分の目で見て知識を得て置けば、報告書を読んだ時によく理解出来る。

この数年の間に、エチオピア皇帝やネパール国王などを始め、各国の元首、主脳が相次いで日本を訪れている。日本の復興振りは世界から驚異の目で見られているのだから、実際に日本を見て、日本に対する理解を高めたいという考えからであろう。大いに歓迎すべきことであると思う。

日本の皇太子御夫妻も今度、海外へ行かれる。これは全く親善の意味だから、諸国へお出でになるのがいい。御自身の見聞を広めることにもなるし、国際間の友好にもなる。日本の天皇で海外へ行かれたことがあるのは今上陛下が始めてであるが、皇太子は先にイギリスその他諸国を訪問され、今度は妃殿下とともに行かれる。慶賀すべきことである。

実は私にアメリカへ行けという話があったので、

「私としては皇太子殿下と御一緒にアメリカへ行きたい」と言ったが、殿下のお出でになるのが九月になったので、日米修交百年記念の行事が行われる五月に私は渡米した。

「九月に又、殿下のお供をしてアメリカへ行かないか」という話もあったが、幾ら飛行機の発達のお蔭で旅行が簡単に出来るようになったとは言え、やはり疲れるものである。

「そう老人を酷使するな」と答えて置いた。

去年、ハガチー事件[*1]が起った時に、私は当時のアメリカ大使マッカーサーに言ってやった。

進駐軍が日本に来て、日本は軍国主義の国だ。日本の社会組織、国家組織は悉く軍国主義から出ているのだから、凡てを根柢からひっくり返さなければ、太平洋の平和は保てない、と言って、上は皇室から下は警察制度、教育制度までひっくり返した。日本の警察は戦前は相当立派だったが、今度は民主化とか言って、泥棒を捕えるのも遠慮するような警察になってしまった。そこでハガチー事件の時も、警察は効力を充分に発揮出来なかった。これは皆、進駐軍のお蔭だ。……

一体、民主主義というものは、警察の力が強くて、治安が維持されてこそ、人権の擁護なり、自由の保護がある。それを忘れて、何でもかんでも自由だ、自由だと言っているのが今日の状態で、これは民主主義の行き過ぎである。所が、日本人は民主主義の行き過ぎを知らない。何でも自由にしさえすればいいと思っている。実に嘆《なげか》わしいことである。

私は昭和二十年の九月か十月に外務大臣になった時、私の学習院時代の先生であった鈴木貫太郎大将を訪問して、外務大臣の施政の方針に就て伺いを立てた所、鈴木さん曰く、戦争というものは、勝った後の始末が大切だが、敗けた時は敗けっ振りがよくないといけない。

誠にその通りだと思ったが、さて敗けっ振りをよくすることは、決して容易なことではない。その時に私は、進駐軍の言うことを片っ端から反対するのが、敗けっ振りをよくすることじゃない。と言って、何でも黙って言うことを聞くのも、いいことじゃなかろう。言うべきことは言うが、心から協力する気持を持つ。そうして、もしいけないことだったら、独立したら改正すればいい。そう考えて、私はやって来た。進駐軍の命令なり、方針なりを、余りけちけち言わずに、誠意を示してやって来た。日本人の寛大な所を見せた積りである。本当にいけないことなら、独立してから改めればいいと考えたからだが、一旦決定したことはなかなか改められるものじゃない。進駐政策の是正、これが今日の日本の問題だと思っている。

これを是正するには、アメリカも了解してくれなければならぬ。池田君にその望みを掛けているのだが、池田内閣でも、細かいことまで改正するのは難しいだろう。これが日本の政治の悩みである。

私はアデナウアーに言った。

日本は外国の文明、外国の知識を尊重する国である。多くの留学生を出して、常に外国の知識を吸収することに汲々《きゅうきゅう》としている。つまり、外国人の言うことは片っ端から盲信する癖がある。民主主義の誤りもそこにある。所が、日本人は共産主義に対して全然、理解がない。西ドイツは一日に何百人、何千人もが東ドイツから逃げて来る。そこで西ドイツの人達は東ドイツの人達から、共産主義の如何に恐しいかを教わることになる。西独政府は何にも宣伝しないが、東ドイツから逃げて来た人達によって日々教わることになる。如何に共産主義が恐しいかを教えられる。

その点、日本は幸福である。国の半分を共産主義に取られた訳でもなし、曽《かつ》てソビエトが北海道を取ろうとして、あそこに進駐したいと申し出たが、それはマッカーサーが蹴《け》ってくれた。もし北海道にソビエトの兵隊が入ったら、これはポーランドと同じことになって、日本人はひどい目に遭ったことであろう。

ソビエトとは交際はあるが、そう多くのソビエト人は入って来ず、中共とは絶交状態を続けている。そこで日本人は共産主義の実態を知らない。その恐るべきことを知らない。大学の先生や文化人は、共産主義と言うと、如何にも文化的な、進歩的な、民主主義、自由主義の権化《ごんげ》みたいなものと考え、我々のように反共態度を取るものを、あれは保守的だ、頑迷固陋《がんめいころう》だと考える。その位、共産主義の真髄は日本人に解っていないのである。

中共は今、食糧に困って、カナダ、オーストラリアから、なけなしの外貨を使って、何百万トンかの食糧を無理して輸入しなければならないと言う。私は吉田内閣時分に覚えがあるが、キティー台風その他の風水害があった。辛いものだ。併しそれは戦争までの軍部が大砲や軍艦を作る為に、堤防も作らず、民生に金を使わなかったからで、それ以後は国家の財政がよくなるとともに民生に国費が廻り、その結果、七年も八年も豊年が続くようになっている。これは民生保護の結果である。

中共は人民公社というべら棒な制度を布いて、飯も食わさずに働け、働けと働かした上、その結果は国家が取っちまう。これじゃ生産意欲が起る筈がない。それが今の食糧欠乏に至った所以である。天災と言うが、人災に違いない。あの広い領土にあれだけの人間がおって食物が足りないとは可笑《おか》しな話である。善政を布けば、食物があり余って困る位になるのに、悪政の結果、こういうことになった。このことは日本の過去から考えてみてよく解る。

中共やソビエトは今から五年、十年の後にはアメリカの生産を追い越すとか言っているが、そんなことはあり得ない。その数字を見ると、実にあやふやなものである。所が、日本人はいい加減な統計を、或る意思の下に丸呑みに信用している。中共もソビエトも善政が布かれているから、今にアメリカの生産を追い越すだろうなどと言っている。そう信ずることが学者であり、文化人であるように思っている。

学者や文化人は、共産主義のごまかしを知らない。例えば平和共存などと言って、如何にも他所の国の平和を重んじ、併立して行けるように言っているが、現に中共は日本を敵国と見做《みな》してソビエトとの間に同盟条約を結んでいる。然も日米安保条約は中共を侵略する目的で作られたものだと宣伝し、アイクが日本へ来るに就てハガチーが来ると、何万という人間が集ってウォーッとデモをやる。あれで鉄砲を撃ち出せば革命になってしまう。朝鮮の革命と同じことになる。これは考えなくちゃいけない。

社会党、総評の如きは、中共の宣伝に乗って革命の手先になるようなことを言っている。浅沼[*2]の如きは、アメリカは日中両国の敵だというようなことを言った。全く共産主義の宣伝に乗っておりながら、乗っていることを知らない。

これは民主主義の行き過ぎである。日本人には、外国人の言うことを一から十まで信用する変な癖があるが、共産主義の嘘八百を信用した結果がここに至ったものだと思う。アメリカも日本人のこの心理をよく了解して貰いたい。所が、これを了解せずに、日本人は信頼するに足りないなんていうことを、アメリカ世論調査機関なんかが言っている。日本人の癖を知らず、自分の政策はいいと信じて押し付けるところに間違いがある。

朝鮮のクーデターも同じことが言えると思う。朝鮮には七万のアメリカ軍が駐屯しているのに、それがあの革命の起ることを知らなかったなどということは、如何にお人好しであるかをもの語っている。

イギリスと日本は、地理的には東洋と西洋の違いがあるが、国情はよく似ている。国土は狭く、外国貿易によって立っている。だから、イギリス人は日本人の気持を了解出来る。アメリカは国土が広く、資源が豊かだから、日本とは随分違う。

今度、マクミランが日本に来るのは非常にいいことで、特に日米の間の話を纏める時には、イギリスがアンパイアになってくれるといい。それが日英米三国の為でもあり、アジアの安定、世界平和の為にもいいことだと思う。今は日米間に軍事的な話し合いの機関があるだけだが、私は日英米の間に政治的な話し合いの機関が欲しい。マクミランが来るのを機会に、そういう機関を作って、いつも自由に意見の交換をしたいものだと思う。

日英同盟はアジアの安定に大きな力をなしていた。イギリス人は、日本は最も信頼出来る友邦だと言っていた。現に第一次世界戦争の時に、軍艦を地中海まで出して同盟の義を果したことなど、歴史に大書されるべきものである。

その日英同盟をイギリスは破棄した。日本を追っ払って英米だけでやろうと思ったのかも知れないが、日英同盟がなくなって東洋の安定勢力が失われた結果、日本の軍部は満洲、支那に手を出し、遂に第二次世界戦争になった。これはイギリスの為にもよくなかったのみならず、支那も混乱に陥り、日本は敗戦の憂き目を見た。私は日英米の間でもっと話し合って、間違いのない政策を取って行くべきだと思う。

一昨年、蔣介石に会った時、私はこう言ってやった。

あなたは本土反攻などと言って、兵力を以て支那本土に攻め込もうと言っているが、その政策はよくない。今、戦争はどこの国も嫌っている。殊にアメリカは嫌っている。そのアメリカの世話になっている台湾が本土へ攻め込もうとすれば、アメリカが一番困るに違いない。あなたの政策は自殺行為に等しい。

然らば、あなたの方にチャンスがないかと言えば、私はあると思う。台湾に善政を布いて、立派な台湾を作り上げて置きなさい。中共は人民公社なんていうべら棒なことをやっている。国民が不満を持たない筈はない。あの政治は長続きしないだろう。いつか何かが起る。やがて中国が乱れて麻の如くなれば、中国の人民は目の前の台湾を見る。その台湾で善政を布いていることを知れば、喜んであなたを本土に迎えるだろう。蔣介石は黙って聞いていた。

私は支那と日本は縁を切る訳に行かないと考えている。地理的にも歴史的にも、非常に深い関係があるのだから、支那を共産主義の手に任して、安心して見ている訳に行かないのである。

＊1　ハガチー事件　昭和三十五年六月十日、アイゼンハワー米大統領の訪日打合せのため、羽田空港に着いた米大統領報道官ハガチー氏が、アイク訪日に反対するデモ隊に囲まれて立往生し、米軍ヘリコプターで脱出した事件。

＊2　浅沼　浅沼稲次郎氏を団長とする日本社会党の訪中使節団は、昭和三十四年三月、中国を訪問し、中国人民外交学会を訪れた際、「米帝国主義は日中両国人民の共同の敵である」と述べて、騒然たる反響を呼んだ。

後記

これは父が朝日新聞社発行の英文年刊誌 *This is Japan* 各号（一九五七年より一九六二年）に英訳して載せる為に寄せた記事の原文で、その第四の一部が「朝日ジャーナル」に「外交と勘」という題で出たことがある他は、原文の形では何れも未発表のものである。参考に、その英訳も巻末に収めたが、原文は枚数その他、編輯上の都合で英訳される際に多少の修正を受けたので、原文と英訳は必ずしも一致していない。原文はここに掲げた通りである。尤も、消されて読み難くなった所をもとに戻すのにかなり骨が折れて、その復原の責任は筆者にある。

この中で読者が別な意味で読み難く感じるのは（他にもあるだろうが）、支那の国民がまだ眠っていて、いつになったら目覚めるか解らないという主張かも知れない。併しその裏には、目覚めてはならないのだということがあって、支那に限らず、一国の国民にとって必要なのは、それが如何に目覚しい活動を続けていようと、眠っていると見えるまでにその各自の生活に深く根を降して動かずにいることである。それ故に、英国の国民は外国人に、常に眠っていると思われて来た。つまり、これは暮春は春服の理想に繋るものであり、支那ではこの政治上の理想が今日でも国民の現実をなしている。

尚この原文及びその英訳を一冊に纏めるのに当って一方ならぬお世話になった朝日新聞社「英文日本」編輯部の斎藤寅郎、石崎正の両氏、並にこの本の製作に時間と労力を惜まないで下さった雪華社の栗林会長以下、同社編輯部の方々に深く感謝する。

吉田健一

昭和三十七年六月

著者略年譜

一、明治十一年（一八七八）九月二十二日、自由党の領袖竹内綱の五男として東京に生れ、吉田健三の養子となる。
一、明治三十九年東大法科卒業。外交官、領事官試験に合格、外務省に入り、天津、奉天、ロンドンの各領事官補、ついでイタリア大使館三等書記官、安東領事、アメリカ大使館二等書記官、済南領事を経て、大正九年イギリス大使館一等書記官、後天津、奉天の各総領事、昭和三年スウェーデン公使兼ノルウェー、デンマーク、フィンランド公使、昭和三年外務次官、昭和五年イタリア大使、昭和十一年イギリス大使を歴任、昭和十四年退官。
一、この間、大正八年パリ講和会議全権委員随員、昭和七年ローザンヌ賠償会議及びジュネーブ国際連盟総会臨時会議に、日本代表委員として出席。
一、昭和二十年九月、東久邇内閣の外務大臣に就任、次いで幣原内閣にも留任。
一、昭和二十一年五月、日本自由党に入党、第一次吉田内閣を組織、総理大臣兼外務大臣、終連中央事務局総裁となり、八月、日本自由党総裁に就任。二十二年二月、農林大臣を兼任。
一、昭和二十二年五月、内閣総辞職。片山内閣、芦田内閣の後、二十三年十月、第二次吉田内閣を組織、総理大臣兼外務大臣に就任。

一、昭和二十四年二月、第三次吉田内閣を組織、総理大臣兼外務大臣に就任。
一、昭和二十六年八月、サンフランシスコにおける対日講和会議に首席全権委員となり、対日平和条約、安全保障条約に調印。
一、昭和二十七年十月、第四次吉田内閣を組織、総理大臣に就任。
一、昭和二十八年五月、第五次吉田内閣を組織、総理大臣に就任。二十九年十二月、内閣総辞職。同月、鳩山内閣成立。
一、現衆議院議員。昭和二十二年より連続当選七回。
一、神奈川県中郡大磯町西小磯四一八在住。

（昭和三十六年編外務省年鑑職員篇にもとづく）

世界と日本

自序

私は昭和二十九年内閣を退いて以後、この大磯の地に閑居してきた。その間、前後三回外遊し、自由諸国の指導者とも親しく膝を交えて会談する機会を得た。

退官後間もなく、友人知己の勧めと協力により、在官中の仕事を顧み、『回想十年』四巻を纏め、上梓したことがある。その後も折に触れて請われるままに、その時々の内外の問題について筆にした拙文が新聞その他に掲載され、そのうちの一部は先般一書に纏められた。

今回も出版書肆の懇請があり、友人の勧めもあったので、口述筆記をわずらわしたのが、本書である。そのうち特に第一部は数度の外遊を通じ、親しく語り合う機を得た諸外国指導者たちが、自由世界の防衛と発展のため、日夜如何に腐心しているかを紹介し、日本国民諸君に何らかの参考に資したいとの志にでたものである。また、既発表の小論中からも、今日においてなお世人の理解を望みたいものは加筆訂正して再録した。

思うに、国際政治外交の舞台において、外交的感覚（diplomatic sense）、あるいは国際的意識（international mindedness）の豊かなる国民は繁栄し、それを欠く国民は衰退するというのが、私の多年の持論であり、終戦後四度の外遊によって、私はいよいよこの持論に確信を深めるに至った。

今日の時代は世界的にまたあらゆる方面に亘って、各国民はそれぞれ大きな変革を経験しつつあること、周知の通りである。しかも各国民の当面している政治、経済、社会などの諸問題について、一見国内的のものの如く見ゆる場合でも、その根本的対策もしくは解決策は、これを国際的視野において求めねばならぬことがしばしばである。要するに、かかる世界的な大変動期にあっては、前述の外交的感覚、国際的意識の必要なことは多言を要しないところであろう。

然るにわが国の現状は如何。社会革新を呼号する人士、進歩的文化人と称せられる分子においてさえ、あるいは偏向せる所論をなすものがあり、時には往年の軍部のそれにも似たる排外論を主張するものさえ見る有様である。

私はわが国民の大多数がこのような偏向せる所論に耳を藉すことなく、前述の国際的感覚を身につけ、時局に対処するよう心がけるならば、勤勉にして優秀なる日本国民の前途洋々たるを信じて疑わないものである。

このたびもまた協力支援を惜しまれなかった友人知己に対し、また、出版を引き受けられた番町書房の大島秀一社長に対し謝意を表したい。

昭和三十八年六月

大磯にて　著者誌す

第一部　外遊編——世界の指導者たち

私は戦後の困難な時局に、たまたま内閣責任者の地位にあり、折から激化する冷戦の圧力を内外から身を以て経験した。そして、在職中と合わせて前後四回の外遊を通じ、自由諸国の実情を視察し、中でも何人かの自由陣営指導者たちに、親しく面談する機会を得た。そうした体験に照し、且つ直接会談して得られた諸国政治家の印象を纏めてみると、自由諸国の指導者たちが、それぞれの立場こそ違え、いずれも如何に真剣に自国の復興発展に意を用い、自由の擁護に心血を注いでいるかを痛感せざるを得ない。中でも冷戦の渦中において、自由陣営の団結をいささかも崩そうとしない指導者たちの信念には、深い感銘を覚えたものである。

翻ってわが国の実情を見るに、国論は常に分裂し、政治家は絶えず権力の争奪に心を砕いている。これは私自身が余りに長く政争の渦に取り巻かれていたため、必要以上に強く感ずるのかも知れず、また他国の汚れは目に映ずること少なく、自国の醜さだけが心にかかる故かも知れない。しかし、私の感懐を率直に吐露させるならば、日本の政治家も、国民も、世界の中における自国の置かれている立場、在り方について、余りにも自覚することが少ないのではないかと思わざるを得ないのである。政治家は常に派閥の争いに注意を奪われ、広い視野に立って国家国民の行くべき道を見定める余裕は殆んどこれを失いたるが如くである。野党の或るものは破壊活動、阻害行為にもっぱらであるし、或るものはひたすら反対のための反対に終始している。それにも拘わらず、進歩的文化人を先頭とする知識人の多くは、そのような野党の行動を陰に陽に支持している有様である。

私が自由諸国を歴訪し、各国の指導者と会談して得た印象を総合して記せば、第一に、共産侵略の脅威に対する理解は十分に徹底していて、中立主義などという曖昧な立場をとろうとするものはいない。西欧では社会主義政党でさえも、共産主義の武力侵略に武力で対抗することは止むを得ないことだというように一致している。

第二に、集団防衛に徹底しており、同盟国軍隊に基地を貸与するにいささかも吝かなる風なく、屈辱感などは全く見られない。第三に、従って同盟国間の連帯感が至って強く、自由を守るという点では特に敏感であるように見える。右の相互援助協力の上では、単に軍事面においてのみならず、経済面においても緊密な連繫が保たれ、絶えず連絡提携が行われていると聞く。

第四に政治の争いが常識的、現実的であって、政府のなすことに対しては何事であれ妨害するといったような絶対反対を唱える政党は、共産党を除いては全く見られない。その共産党も、イタリア、フランス両国以外では、採るに足らぬ微弱な勢力であり、フランスにおいても、近年とみに劣勢に陥っていると聞く。

以上のような次第で、自由陣営の中にある日本としては、欧米先進国の政治の姿に学ぶべきところが甚だ多いと思う。私はそうした観点から、自由諸国の指導者たちの言動を通じて、国際政局に関連の多い重要問題に関する私の考え方を明らかにし、国民諸君に訴えたいと思うのである。

卓見と勇気の政治家アデナウアー首相

敗戦ドイツと敗戦日本との比較

アデナウアー首相とは、先年ヨーロッパを訪問した時も親しく歓談したし、また同氏が日本を訪れた時も、わざわざ大磯まで訪ねて来てくれた。いわば文字通り旧知の間柄であった。

最近の外遊に当っても、また旧交を温めた次第だ。このたびは大統領は前回のホイス氏

た。

が退いてリュプケ氏に替わっていた。アデナウアー首相からは昼食に招かれたが、シュレーダー外相も同席して内外の問題について、互いに意見を交わし、大いに得るところあった。

初めてアデナウアー首相と会ったのは、昭和二十九年秋の外遊の際であった。当時は西ドイツの復興が奇蹟として讃えられ、これに比べて日本の復興は遥かに劣るといわれた時代であり、私自身もそうした気持ちを以てこの国を訪れたのであった。

実は西ドイツの奇蹟的復興が何に由来するのかを知りたいというのが私の心積りであった。アデナウアー首相の他、ホイス大統領、エアハルト経済相などと会って、そうした人たちの口から直接聞き質すことによって、ドイツ経済の真の姿をつかみたいと考えたのである。

誰も知る通り、日本と西ドイツの戦後の立場は非常に似ていた。双方とも敗戦国であり、国内は戦火で壊滅していた。二つの国はいずれも占領管理を受けた。また何れも共産勢力の武力的脅威並びに思想的攻勢を間近に控えていた。双方とも戦前は、連合国に対して何年間もの戦闘を続けるだけの工業生産力を持っていた。

然るに、西ドイツの戦後復興が奇蹟的に進み、これに反して日本が遥かに後れをとっているかに見えるのは、どうしたわけであるか。アデナウアー首相に対して、私はいわば競争相手のような気持ちを抱いていた。それが競争に負けたような形になっている。これは何故であろうか。アデナウアー首相に会うに当っては、特にそうした疑問を明らかにしたかったのである。そして中でも私が最も関心を持ったことは、敗戦後の西ドイツは如何にしてその経済的隆昌をもたらしたのか。どうしてストライキがないのか。共産主義への対策は如何ように行われているのか、といった点であった。

何よりも心を打たれたことは、アデナウアー首相が、終始生産優先、復興第一の政策をとり、そのために国民には耐乏生活を求め、当面に必要の薄い娯楽や不急の施設は第二義に置いてきた卓見と勇気とであった。

そうした点においては、私自身の場合はまだまだ考えが浅かったように思う。敗戦と窮乏とに心も滅入っている国民に対して、それ以上暗い気持ちを抱かせたくない配慮が、日本の場合は多くの施策に手加減をさせたというか、とにかく不徹底に終った嫌いがあった。自ら省みてそう思うのである。そうした点で私は先ずアデナウアー首相に敬意を深うした次第である。

一方、またドイツ国民も、全国民が力を合わせて働き、経済の再建を図る以外に道のないことを知っていた。分け前を争うよりも先ず分けるべき生産を殖やすのが第一であることを了解していた。西ドイツにストライキが殆んどなかったのは、生産第一主義のドイツ国民の間に、ストライキなどする心の余裕がなかったのだと、アデナウアー首相以下、西ドイツの指導者たちは異口同音に語るのであった。

誠に羨しい限りだと思った。そういえば、その後西ドイツの復興が進んで異例の繁栄を享受するようになってからは、西ドイツにも、たびたびストライキが発生するそうである。復興途上にストライキのなかった理由がいよいよ判然とするわけである。それにしても合理主義のドイツ国民のことであるから、日本におけるような乱暴無法な暴力沙汰などはないであろうと思う。

西独では用のない共産主義対策

西ドイツ国内において共産主義の脅威はどうであるか、共産主義への対策はどうしているか、の疑問に対するアデナウアー首相の答えは、至極はっきりしていた。それは共産治下の東ドイツから毎日のように逃げ出してくる難民が、共産主義下の実情をつぶさに伝える、従って、共産主義に関する啓蒙などは必要がないというのである。いうならば西ドイツ国民は、最も身近な、自分たちの同胞から、その生々しい体験を、直接その身を以て証明され、その口を通じて説明されるのである。共産主義に憧れるものもいないし、共産主義の誤りについて政府がわざわざ宣伝教育をする必要もないというのである。

これもまた羨しい限りであると、思った。しかし同時に、考えてみれば、それというのも、ドイツ国とベルリンが東西に分割されるという不幸な状態にあるからの話であって、もし日本が占領初期に行われたソ連の要請に従って、ソ連軍の北海道進駐が容認されていたならば、今時分は津軽海峡を隔てて二つの日本が生まれていたことであろう。従って、海を渡って本土へ逃げ出して来る難民によって、共産主義の現実の姿が十分に日本国民に知らされることになったのであろう。

それにしても日本の実情は、いかにも嘆かわしい有様である。大多数の知識人が共産主義というものを、本の上や頭の中でだけ知っている関係からか、為めにする宣伝や招待視察の報告を鵜呑みにし、受け売りをするものが甚だ多い。その結果、ソ連や中共にも自由はあるなどと詭弁を弄する大学教授がいたり、理想の国はときかれて中共だと無批判に答える小学生がいたりする。

このような西ドイツと日本との相違については、私は実はあながち国が分割されているか、どうかの違いに基くものではないと思う。西ドイツ国民にストライキのないのも、西ドイツ国民に共産主義心酔の傾向のないのも、要するに、この国民が聡明にして合理的であるからではあるまいか。ストライキによって分け前の大小を争うよりも、生産を急いで分け前の元を多くすることが先決だと考えたということも、物事を実証的に考える限り誰の判断でも当然のことに違いない。それが理解できないで、先ず分け前の争いが先きになるのは、日本人の国民性の現われというか、国民教養の低さを示すものではないかと遺憾に堪えない。

もっとも、最近は共産主義心酔の傾向もだいぶん穏かになっているように見える。国民の目が高くなり相次いで現われる実例によって教育されたのだろう。極端な、無批判な共産国礼讃の声はあまり聞かれないようである。また日本の経済復興に関する世界の認識もだいぶん改まり、また日本に対する理解も深まってきたらしい。

池田首相が先きごろ西ドイツを訪ねた時も、エアハルト経済相は池田君に向って、四年ほど前に日本を訪ねたとき、日本は低賃金で物価が極度に安い国だといったため日本人に叱られたが、これは自分の誤りだった、日本は低賃金国でもなく、物価の特に安い国でもないと、お詫びのようなことをいったそうである。日本も漸次、西ドイツに近づいたのかも知れない。

わが道を進んだアデナウアー首相

ドイツと日本とはいろいろな点で似ていると最初に私は述べた。以上のように考えてくると、似ているよりも、似ていない点の方が多いようである。しかも似ていない点が重要であるようにも思われる。

中でも何より私の心を打ったことは、占領軍の干渉に対し西ドイツ政府が重要な点において抵抗し、独自の道を進んだということである。日本は教育制度改革においても、アメリカの教育使節団の勧告に従って六三制を採用し、敗戦荒廃のさ中において義務教育の三年延長を断行した。教育の内容においても、道徳教育や国の歴史の授業を禁止されたりしたのであるが、西ドイツは占領軍による教育改革を断乎として拒否した。

また経済政策においても、早くから統制経済を排して、自由経済に進んだことが、この国の復興を早くしたのだと聞いた。エアハルト経済相の卓見と英断によるものであろう。大局を誤らなかったアデナウアー首相の賢明な指導と強い意志力の成果だともいわねばなるまい。

先年初めて西ドイツを訪問した時にも、アデナウアー首相以下この国の要人に告白したことであるが、敗戦後の困難な時期において、日本の労働組合が過激な労働争議を繰り返し、復興に協力するよりも、むしろこれを妨害するに近い態度をとってきたことには、占領政策の行き過ぎが一半の原因をなしていたと思う。

占領軍は長く獄中にあった共産主義者を解放し、その再生を祝福激励するかのような取り扱いをした。出獄した共産党の幹部たちが、連合軍総司令部の前に集まって、感謝の意を表明した一事などは、初期の占領政策が、共産主義者に対して如何なる態度で臨んだかを示す皮肉な例であろう。幾ばくもなく占領軍当局は、共産主義者たちが占領政策にとって危険有害な分子であることを知り、一転これが弾圧に腐心するに至った。共産主義者といわぬまでも、類似の思想を抱く急進的な何人かが占領軍の要路に在って、行き過ぎた改革の指導を行ったことも事実である。その実情は旧著『回想十年』に説く通りである。

そのような占領改革の行き過ぎの実例としては、極端に保護的な労働組合法その他の労働立法と、財閥解体もしくは経済力集中排除の名において推進された企業の細分化などがある。極端な労働保護立法は、労働組合内部における共産分子の活動を容易にし、自由や権利を名目に、過当な条件や勝手な要求を掲げて過激な争議を惹き起こすなど、生産の増強を阻害することが甚だしかった。一方、また財閥解体による企業の細分化は、企業の経営能力を著しく低下させ、生産の伸長を妨げ、対外輸出競争力を弱からしめた。

そうした事態を招いた原因の大半は、占領改革の行き過ぎにある。然るに、西ドイツにおいては共産主義者の擾乱行為もなく、ストライキによる生産阻害もなく、占領軍の経済介入も回避された。これらについては、環境条件の相違もあったであろうが、アデナウアー首相以下、西独政治家たちの勝れた指導によるものとして、敬意を禁じ難い。

しかも、西ドイツにおいては、政治家に政権を託する期間は、日本などに比べて甚だしく長く、当局者は落ちつき安んじてその志を実現することができたように見える。最初に私が訪ねた九年前と最近訪ねた折とでは、大統領こそホイス氏からリュプケ氏に替わっていたけれど、アデナウアー首相も、エアハルト経済相も、文字通り十年一日の如くその地位にあり、当初の就任からは既に十数年に及ぶのである。このような政治の安定した国において、経済の繁栄と成長とが順調に実現されるのは、むしろ当然のこととさえ思われるのである。

西独では非合法化された共産党

共産党や共産主義運動に対する措置においても、西ドイツと日本とは雲泥の相違がある。共産主義への対策は特に必要でないと説くアデナウアー首相も、一方では共産党を非合法化し無力化する手を着実に打っている。特に対策が必要でないという意味は、共産主義思想に対する批判、啓蒙、宣伝などに多く心を労する必要がないということであって、国際共産勢力の活動に対する措置が不要であるというのではなかった。

先年、最初に会ったときのアデナウアー首相は、「西ドイツでも政党の結社禁止はできないが憲法を破壊するような政治活動はこれを禁止するように憲法裁判所に提訴することができると、憲法に明らかにされている、政府は既に提訴しており、判決を待っているところだ」といっていた。後になって聞くところによれば、その後幾ばくもなく共産党非合法化の判決が下り、政府はその判決に従って、共産党の解散、党財産の没収などの措置をそれぞれとったとのことである。

憲法裁判所というのは、日本にはない制度である。国会の両院から半数ずつ選び出される二十四人の裁判官を以て構成される。憲法の解釈についてはもとより、条約と連邦法との関係、州法と連邦法との関係などを裁き、政党活動が憲法違反であるかどうかなども判定する。この裁判所への提訴は、連邦政府はもとより、州政府もできるし、連邦議会議員の三分の一以上が要求しても提訴することができる。アデナウアー首相は、資料も十分に揃えてあり、政府の提訴が受け入れられる見込みは確実だと当時語っていた。果して判決の結果はアデナウアー首相の確信の通りであった。

このような政党活動の限界を明らかにする憲法上の制度のあることは、西ドイツが日本と相違する重要な点の一つである。日本の場合に、西ドイツと同じような組織の憲法裁判所を設けるわけにはいくまいし、設けても果して適当に運用することができるかどうか甚だ疑問だけれど、右に述べた共産主義に対する西ドイツ国民の態度や、共産党に対する西ドイツ政府の措置などを通じて看取し得ることは、急進過激な政治行動に強く反撥する心理的条件が、西ドイツの場合は広く背景として存在することである。

これに反して、日本社会の底流をなす心理としては、共産主義を何かしら進歩的な時代思想であるかに思いなし、仮りにそこまで至らぬとしても、これが厳正なる批判において臆病である傾向が著しい。西ドイツと日本との相違の根本はそこにあると思われるのである。

生温かった日本の共産党対策

共産党の破壊活動に立ち向い、これが解散の処置を敢てしたアデナウアー首相の行き方を詳細に知るに及んで、私は自分自身の日本の場合が、やはり中途半端の生温《なまぬる》いものであったことを省みた。この点はアデナウアー首相と会った際にも述懐したことだが、日本における共産党対策の経緯について、その大要をこの機会に少しく記しておこう。アデナウアー執政下の西ドイツを理解する一助にもなるだろうと思うからである。

そもそも終戦後の日本における共産主義活動は、後に至っては占領軍当局の強い弾圧を受けるようになったが、占領の初期においては、むしろ支持奨励せられるかの観があった。直接共産主義者にというわけではないけれど、労働者並びに労働組合に対する極度の保護立法を強制し、その政治活動を支持したことも、急進過激な勢力の乗ずるところとなり、労働組合が共産分子の活躍舞台に利用されるに至ったことは間違いない。

このことは日本の本土への上陸進攻作戦成功の暁に軍政の必要を予見したアメリカ本国政府の考え方に関係があったと思われる。それというのは、その際日本国内の残存国家主義勢力が組織的抵抗をすることを想定し、これに対処する手段の一つとして、共産主義者を中心とする労働者農民など、いわゆる進歩分子の支援を期待したからだと想像される。その関係は、労働組合の保護とその政治活動についてのみならず、農民大衆に対しても、あのような急進的な土地の分配が指令されたことからも判断し得る。何れの場合にも、日本降伏前早くからワシントンで計画されていたと信ぜざるを得ないのである。

余事ながら、占領初期の労働組合保護の行き過ぎが、やがて間もなく、占領政策に対する破壊勢力に活動の舞台を提供することとなった半面、土地改革によって新たに生まれた小地主群が全国農村の中堅勢力となったため、共産勢力の農村侵蝕が有効に阻止されたことは否定できない。つまり、初期の占領改革は、共産主義者の解放奨励や労働組合の過度の保護などにおいて、皮肉な逆効果を味わうに至ったが、一方、農民の解放を通じて、全国農村に有力な協力層を造り得たわけなのである。

そのように、占領初期における改革の行き過ぎが、逆に占領政治への妨害に機会を与えたことを知った軍当局は、いわゆる二・一ストの中止命令をはじめ、後には全逓信従業員組合のストライキ計画を抑止するなど、特に官公庁関係の争議に強く介入するように変った。のみならず、幾ばくもなく公務員並びに公共企業体労働組合の争議行為に対する厳しい規制措置の立法化を指令するに至った。

日本における共産主義者の破壊活動が、モスクワからの指令に基く反米行動であることが明らかとなるにつれ、また特に朝鮮戦争の発生によって国際共産勢力の武力膨張の意図が明白となるにつれて、占領軍当局の共産主義者対策は、明白に弾圧の形を採るようになった。そしてポツダム政令による団体等規制令が、党の活動を対象として制定され、個人を対象としては、有名な赤色追放が全国的且つ各界各層に亘って行われた。

団体等規制令は、幣原内閣の旧憲法時代に、占領軍の指令に基き、旧制による緊急勅令の形式で制定された政治団体取締令というのを焼き直したものである。この旧勅令が占領軍に反抗する軍国主義的、右翼国家主義的勢力を想定して公布されたに対して、新しい政令による団体等規制令は、左翼の急進過激勢力に備えて改定されたわけである。占領政策が最初に右翼への警戒を主とし、後に至って左翼への弾圧に傾いた経過を物語るものとして、右二つの命令立法は興味ある歴史的道標ともいうべきであろう。

非合法化に代わる〝赤色追放〟

赤色追放、いわゆるレッド・パージの方は、世論の一部、特に急進的労働組合の方面から、思想に対する弾圧と非難され、憲法に背反するとの批判が強く行われた。解職措置の合法性を争う訴訟行為なども、組織的に推進された。しかし、合法性を争う提訴はともかく、思想弾圧だとする批判は、全くの的外れである。この点について詳しく記述することは、いささか脇道にそれる嫌いはあるけれど、日本における共産党対策を、アデナウアー執政下の西ドイツの非合法化措置と比較する上に特に重要だと思われるので、少しく説明を加えることとする。つまり、西ドイツの場合、直截簡明に共産党そのものを目指して処置したに対し、日本の場合には、共産党員もしくはその亜流に対し、個人を対象として処置をしたという相違があるのである。

赤色追放を思想弾圧と解することの誤りは明瞭である。それは事態の真相を知らざる皮相の見解にすぎない。赤色追放の場合でももちろんそうであるが、一般に共産主義の害悪や危険は、その思想そのものにあるのではない。思想としての共産主義が如何なるものであるかは、必ずしも明らかではないが、もしマルクス、エンゲルスの考え方をそのまま信奉するものありとするも、それは既に時代遅れ、博物館行きの思想にすぎない。多少の害悪はともかく、何ら危険はあるはずがない。

共産主義が危険であるのは、思想ではなく行動に繋がる場合である。殊に、昭和二十五、六年当時の如く、ソ連の反米態度がとみに露骨となり、しかも、いわゆる野坂批判の経緯からも知られるように、モスクワの指令に動かされる日本共産党が、わが国の安定と復興を妨害せんとする意図が明白であった場合、また共産主義者の指導による労働組合の政治活動が明らかに看取された場合においては、社会各界各層の重要機能を護るために、関係職場から共産主義者の排除を図ることは、責任ある立場からいえば当然の方策である。しかもそれは単に職場から排除するだけであって、刑事訴追の対象として罪に問うものではなかったのである。

そういうわけで、占領下の日本における共産党対策は、党活動に対しては団体等規制令により、個人活動に対しては赤色追放によって進められた。団体等規制令は占領の終焉と同時に失効するので、その代替立法として破壊活動防止法が独立直後に制定されたが、赤色追放に類する措置は、占領軍の権力を推進力として行われた一度限りで終っている。これは道理からいっても当然である。その後冷い戦争の様相も、ソ連のいわゆる平和共存方針の故か、往年の苛烈さを失っており、個人としての共産主義者の危険は殆んど感ぜられないからでもあろう。

また破壊活動防止法にしても、制定前後には極端な反対論が横行したけれど、その後十年以上、共産党活動に対してこの法律が発動された事実は全くない。先年、右翼の政治的殺人事件が頻発した際、右翼団体を対象に、この法律に違反する容疑で捜査が初めて行われたのみである。

共産党非合法化については、当時マッカーサー総司令官からの示唆もたびたびあり、内外の人士からの勧告もあったが、私は四囲の事情や得失を考慮して、賢明なる国民の良識に訴える途をとり、非合法化立法はこれを見送った。これは前にも述べたように生温いものであったかも知れない。

最大の相違点は再軍備への態度

西ドイツと日本との相違というか、アデナウアー首相と私との不一致というか、日本が再軍備に踏み切らぬこと、踏み切らぬ理由に関する私の言い分に対して、アデナウアー首相は初めから釈然としなかったようである。

私の言い分としてはいろいろあったが、中でも日本の経済力が再軍備の負担に堪え兼ねること、もちろんある程度の自衛能力を持つのは当然としても、程度如何では国民に大きな負担をかけて思想的にも逆効果の恐れがあること、そのため急進勢力に乗ぜられる危険があることなどを説いた。これに対し、アデナウアー首相は、占領軍費の分担のことを考えれば、少々の軍隊を持つことは大した負担ではないといった趣旨の反駁をした。そして連合国の意向が判然決まったら、西ドイツも再軍備に踏み出すつもりだと、極めて割り切った態度であった。

もちろん、これは私が先年初めて西ドイツを訪ねた時の話である。日本よりも戦後復興の進んでいた西ドイツの指導者としては、あるいは当然のことだったかも知れない。私がボンを訪ねた一九五四年の秋は、ロンドン九ヵ国会議が終ったばかりであった。この会議で決められた大綱に基いて、西ドイツの主権回復や再軍備の問題を取り極めたパリ協定は、一九五五年に発効した。それと同時に西ドイツは主権国家として独立が認められ、徴兵法を布くと共に再軍備に踏み出した。最近訪ねた折の話では、北大西洋条約軍に対して、陸海空の部隊を提供しているということであった。

アデナウアー首相は、先きにも記した如く、国内での共産主義対策としては特に必要はないと言いながら、共産党そのものへの対策としては、憲法裁判所に提訴して解散の処置を行っている。然のみならず、さらに東欧共産勢力、特にソ連の軍事的圧力に対しては、厳しい警戒の気持ちを抱いている。そして再軍備の必要については、疑問の余地なき自明の理の如く、これに邁進しているようである。それはその言動の端々から強く受け取られた。

再軍備に関して特に西ドイツが日本と相違するところは、西ドイツにおいては、社会主義政党たる野党の社会民主党が、日本の社会党などのように容共的でなく、北大西洋条約の枠内での戦術的核兵器による軍隊の武装をさえ承認するまでに至っている点である。

アデナウアー首相は、在職十二年目の総選挙で、与党のキリスト教民主同盟が絶対多数を失ったため、その政治的地歩はだいぶん弱くなったようである。すでに与党の内部にも党首交代を要請する空気のあることが伝えられていた。新内閣を組織するに当って自由民主党の協力を得る条件のようなものに、アデナウアー首相の早期引退が含まれていると取沙汰され、さらに本年の秋頃には引退することになったと伝える新聞電報もあり、そのことを予定してか、キリスト教民主同盟の次期党首にエアハルト副首相が決まったと聞く。

いずれにしても、アデナウアー首相は、すでに高齢でもあり、四期十六年といえば、政権首班の任期としては稀に見る長期でもある。余り遠くない将来に引退ということになるであろうことは想像される。しかし高齢とはいっても、私よりせいぜい一年ほどの年長にすぎない。引退後といえども、その卓見と勇気とを以て、西ドイツのみならず、自由陣営の指導者としていつまでも健在でいてほしい。

フランスの栄光とドゴール将軍

フランスのドゴール大統領が、第二次大戦の初頭、ドイツ軍のパリ攻略を逃れてロンドンに移り、かの地に仮政府を作った頃は、私がイギリス駐在大使を退いて帰国した後だった。その後戦争中はずっと非役で、牢屋へ入れられたりなどしていたので、この人に会う機会はもちろん、この人を知る便宜も殆んどなかった。

アイゼンハワー連合軍総司令官のノルマンディー上陸敢行に続いて、フランスからドイツ軍が掃蕩されるに及んで、ドゴール将軍は植民地アルジェリアを経て本国に立ち帰り、祖国復興のための臨時政府を組織した。幾ばくもなくその地位を去って、その後の消息は余り耳にしなかった。何となく性格の強い政治家のように印象づけられていただけで、その強い性格のために一部では信頼され、同時に反対も多い人柄だときいていた程度であった。

私が最初にドゴール将軍と会ったのは、一九六〇年五月から六月にかけて日米修交百年祭親善使節として渡米し、その機会に欧洲をひと回りした時であった。折悪しくフランスはアルジェリア問題がまだ解決に至らず、現地に独立反対の右翼軍人の反乱が起こり、ドゴール大統領はその鎮圧に腐心している最中であった。

一方、日本の国内も、岸内閣の安保改定騒動が激化しつつあった。アイゼンハワー大統領の訪日を断わるか、どうかが、差し迫った問題となり、政局は誠に不安定な状態にあった。従って私としても落ちついた気持ちにもなり難く、大統領の方でも、極東から来た元首相に会っても、特にゆっくり応接する余裕もなかったらしい。

その時、フランスは最終の訪問先きであったが、早々にしてパリを引き上げ、ハガチー事件直後の騒然たる空気の中を、六月十四日羽田飛行場に帰着した。政府がアイゼンハワー大統領に訪日中止を要請する決定を行ったのは翌々十六日のことであった。

だから私が比較的落ちついてドゴール大統領と会談したのは、最近の南北米欧洲諸国訪問の際が初めてのようなものであった。この時もパリは最後の訪問地に予定されていた。ドゴール大統領とは、官邸のエリゼー宮殿でゆっくり会談した。私はここでも持論の東南アジア華僑対策その他主として共産主義に対抗する問題について話したが、大統領は前回とは打って変り、たいへん打ち解けて話をした。私がソ連と中共を引き離す政策について語った際などは、わざわざメモをとる熱心さであった。

土性骨の政治家ドゴール将軍

そういうわけだから、私はドゴールという人に親しく接してその人柄を知るという機会としては甚だ少なかった。しかし、多年話にきいて心に描いていた影像は、直接会って見て、本物と非常によく合致しているといった印象だった。

私が直接会った世界の指導者の中には、強い性格の人というか、根性の持主というか、適当に言い表わし難いけれど、とにかく通常の人間でない特異の人物が何人かあるように思われる。ドゴール将軍もその一人である。その他西ドイツのアデナウアー首相や、イギリスの元首相チャーチル卿、また亡くなったアメリカのダレス国務長官なども、そうした特異な人物の中に数えたい。

もちろん、イギリスのマクミラン首相にしても、アメリカのケネディ大統領にしても、立派な勝れた政治家であることはいうまでもなく、また誠実な人柄であることも間違いない。しかし、これらの人は立派な勝れた人ではあっても、それ以上のもの、つまり世俗にいう土性骨といったようなものを特に感じさせるまでには至らないように思う。

私の印象を率直に記すならば、アデナウアー、チャーチル、それから亡くなったダレスといった人たちは、百年の後においても、その魂魄がこの世に残っていて、灰の中からまた甦る不死鳥のように、再び大空を飛び回るものがあるような気がする。そしてドゴール将軍についても、それと同じ印象を受ける。適切な表現は見当らないが、何となくそういった感じのする人たちである。

人物評のついでに記せば、ソ連のフルシチョフ首相や、ナチのヒトラー総統、ファシストのムソリーニ首相などは、以上のいずれの部類にもはいり難い特異な人物のようである。フルシチョフ首相にも、もちろんヒトラー総統にも、会ったことはないが、ムソリーニ首相には、イタリア大使としてローマに赴任したとき初めて会った。印象は決して良好なものではなかった。

大使としての信任状を捧呈するために訪ねたときのことである。ムソリーニ首相は、広い部屋の奥の方に机を前にして立っていた。私がその前へ歩きつくまで出迎えようともせず、胸を張って睨みつけるような眼差しであったのを忘れない。そして会談中も威厳を示すためか、その姿勢をいろいろと工夫するように見えた。自由陣営諸国の指導者には、ついぞ見られぬ型の政治家であった。誠実とか真摯とかいった風格は片鱗も見えなかった。

取りもどされたフランスの栄光

ドゴール将軍の共産主義、もしくはソ連に対する態度は、いうまでもなく反共に徹しているに相違ない。しかし、共産主義やソ連の脅威に対する感じ方は、必ずしも強烈ではなさそうに見える。ベルリン問題に関するソ連との交渉に、その時期でないと反対したのはドゴール将軍のフランスであった。

ドゴール将軍にとって最大の関心の的は、むしろフランスそのものの経済的繁栄にあり、国際地位の向上にあるように見える。曽《かつ》ての欧洲の強国フランスの栄光を取りもどすのが、その切なる念願のようである。そしてドゴール将軍は、その念願を着々と実現している。ドゴール将軍が大統領に就任してから、フランスは経済的にも繁栄を回復し、国内では政局が安定し、国外ではアルジェリアの独立問題が片づけられた。

またアメリカ、ソ連、イギリスに次ぐ第四の原子爆弾保有国になったのも、ドゴール大統領の下においてである。初めてサハラ砂漠での実験に成功した一九六〇年の暮には、フランス独自の核武装の方針を定めた法律を、野党の反対を押し切って国民議会を通過させている。フランスが独自の核武装をなし得る地位に達したことは、内政の安定、経済力の向上など他の要素と相俟って、ドゴール将軍の自信を一層高めたものと想像される。

私が内閣在職中に欧洲を訪ねた一九五四年の秋には、ドゴール将軍はまだ隠棲中であった。時の大統領はコティ、首相はマンデス・フランス氏であった。当時はインドシナ戦争を休戦に漕ぎつけた直後のことで、フランス国民の間にようやく安堵の色が見え始めたといわれた頃である。それでも欧洲並びに自由陣営の中でのこの国の地位は、あまり高く評価されているところまではいっていなかった。

ところが、二度目に訪ねた一九六〇年には、フランスの国際的立場はすっかり改まっていた。ドゴール将軍は国民的信任の上に立つ大統領として、いわゆる第五共和国を率い、自信満々であった。そしてさらに、昨年一九六二年の夏は、欧洲の指導的大国としてのフランスの地歩は、揺ぎもないものとなっており、ドゴール大統領の態度も、前回に比べて、心なしかすっかり落ちついてきたように見えた。〝欧洲の病人〟などと評された曽てのフランスの姿とは、想像もつかぬほどの変りようであった。

EECとドゴール大統領の心境

ドゴール将軍の自信を一層強めたものとして、いわゆるEEC（欧洲経済共同体）の輝かしき発展を度外視することはできないであろう。

私は去年欧洲訪問の際、ブリュッセルに立ち寄って、共同体本部を訪れ、事務総長のハルシュタイン博士に会い、共同体の生い立ちや現状について話をきいた。何しろ経済に関することで、細かいことは呑み込めなかったが、それでも、一九六二年からは計画の第一期の調整を終り、第二期に足を踏み入れたところだといわれたことを記憶している。加盟六ヵ国相互間の貿易調整は、唯一の農産物輸出国であるフランスと他の諸国との利害が一致し難く、交渉は難航した。ようやく互譲妥協に到達し、計画通り去年からいわゆる第二期にはいることができたということである。

イギリスがEECへの加盟を熱心に求めたこと、またアメリカが、西側大同団結の見地から、イギリスの要望を支持したことなど、詳しい事情は私にはわからぬながらも、大体の意味は理解することができるような気がする。しかし、一方イギリスの加盟に反対したフランスのドゴール大統領の気持ちや立場も、同時に理解できるように思われる。

イギリスはＥＥＣに対抗する形で、ＥＦＴＡ（欧洲自由貿易連合）を結成、ＥＥＣに加盟しない西欧諸国七ヵ国の集団を作っている。このＥＦＴＡの結成された当時、私は内側の六ヵ国と外側の七ヵ国とがそれぞれ別々に団結融合して発展を遂げ、やがてまた相互の間の結びつきも深まるものと想像した。しかもそれは西側大同団結の範囲内で行われ、何ら自由陣営の連帯性に逆らうところはないものと期待した。然るに幾ばくもなくして、イギリスはその七ヵ国の集団を裏切ったような形で、ＥＥＣへの接近を図ったのである。

もちろん、これに関しても私は何ら詳しい事情は知らない。従ってその場合のイギリスの意図や七ヵ国内部の関係などを別として、表面的にのみ観察するのであるが、どうもその辺にイギリス加盟計画の無理というか、不自然さというかがあるような気がするのである。

もう一つ、イギリスは背後に英連邦という歴史的因縁を背負っている。これはＥＥＣ六ヵ国が相隣接する工業国同士であるに反して、旧大英帝国の属領だった関係をそのまま維持するもので、地域的に相隔絶しているのはともかくとして、経済発展の度合いにおいて区々《まちまち》不同である。殊にイギリス本国を除いては後進国でなければ、農産物輸出国である。そして農産物貿易を通じてイギリスとの間に特恵関税の繋がりを持っている。

つまり、英連邦と称されるイギリスの特殊の連繫は、イギリスとしては断ち切ろうとしても容易に断ち切り難い関係である。そこでイギリスは、英連邦との特恵関係をそのまま維持しながら、やがて漸進的に調整するという条件をつけて、ＥＥＣへの加盟を図ったのであろう。マクミラン首相の苦心は同情に値いするが、農産国であるフランスの利害がそこに絡むことは自然というべきであろう。私はそこにもまたイギリスの加盟計画に一つの無理があったように思われるのである。

そういうわけだから、イギリスの加盟を拒否したドゴール大統領の立場も、止むを得なかったのではないかと思う。もとより的確な根拠あっての判断ではないが、フランス国民の気持ちもしくは利害もまた同じ道を求めたのではなかったかと想像する。いわゆるフランスの栄光にこだわり過ぎるとの非難もあり、余りにも大陸における指導的立場を固執するものだとの悪評もあるようだ。そして、それらは或る程度当っているかも知れぬが、一方またドゴール大統領の境地も、或る程度理解できるように思われるのである。

欧洲防衛体制とドゴール将軍

イギリスの共同体加盟失敗の前後から、西欧防衛体制をめぐって、ケネディ大統領とドゴール大統領との間に、何かしら阻隔対立があるやに伝えられた。欧洲における共産主義の脅威に対する感じ方に関連して、アメリカとフランスとの間に、若干の相違のあることはすでに大体想像されるところであった。対ソ交渉の時期に関するドゴール将軍の異論も、そのような感じ方の相違に基くものと見てよかろう。従って、防衛体制に関しても、伝えられるが如く意見の乖離があるのは当然かも知れない。

それればかりではない。二度の大戦を通じて、軍国主義的侵略から世界を救ったアメリカ、また今日第三の脅威共産侵略に備えねばならぬアメリカ、しかも自己を頼む以外に何物をも最終的に頼むものを持たぬアメリカが、共産侵略の可能性に対して抱く感覚には、同じく自由諸国として同憂の立場にはありながらも、アメリカ以外の国の抱く感覚と、自ずから異るものがあるのが当然ではあるまいか。

フランスにしても、イギリスにしても、二度の大戦に戦勝国とはなったものの、軍国ドイツの圧力から救われたのは、アメリカ合衆国の介入によってであった。しかもアメリカは、自ら多大の人的、物的犠牲を払った上に、英、仏など連合友邦に対する援助協力を通じて多大の失費をも負担している。ロンドンに亡命して自由フランス政府を守り通したドゴール将軍の功と労とは、もちろん多とするに足るとしても、後日祖国に立ち帰って自ら臨時政府の首班たり得たのは、アメリカの第二戦線の成功、つまり、ノルマンディ上陸作戦のお蔭である。

そのようにして、英、仏など西欧の諸国は、戦争の重大な局面において、いつも強力な救援者を迎えることができた。それは過去において二度も繰り返されたし、将来においても期待し得る。自己以外に最後に頼むものを持つのである。だから、最後に頼むものを持たぬアメリカとの間に、侵略の可能性に対する感受性の相違があるとしても、それは自然であろう。その西欧に属するフランスのドゴール将軍が、欧洲の防衛体制に関して、アメリカと見解を異にする点が多少あるのもまた自然かと思われるのである。

もう一つ重要なことは、欧洲における国際緊張の緩急が、関係国に作用する影響である。そもそも北米大陸と欧洲とを繋ぐ北大西洋同盟のような広汎な条約が成立し、しかも欧洲大陸防衛の指導権が、海を隔てたアメリカの手に握られるに至ったというのも、一九四八年のベルリン封鎖によってもたらされた西欧共通の危機感があったればこそである。

そもそもベルリン封鎖は、第二次大戦後ソ連によって行われた初の武力行使であった。その当時は、欧洲の防衛は欧洲の手でなどと、主張する余裕は西欧のどの国にもなかった。フランスにもなかったであろう。大戦の創痍なお癒えやらぬ西欧諸国としては、ソ連から来る武力の脅威に備えるには、アメリカの武力並びに経済力に頼る他なしと考えたに違いないし、アメリカも西欧の防衛に一枚加わることをむしろ当然と考えたであろう。北大西洋条約機構はそのようにして生まれたと見ねばならぬのである。

ところが今日の状態は甚だしく当時と相違する。その後も間歇的に発生した西ベルリンをめぐる危機も、一九六一年夏の東西ベルリン封鎖事件を最後として、次第にその緊迫性が薄らいできた。期限を切ってのフルシチョフ首相の爆弾宣言も、繰り返されるにつれて迫力を失ってきた。殊に一九六二年秋のキューバ事件の経緯は、世界の緊張、特に西欧における共産侵略の切迫感を著しく稀薄にするに至ったに違いない。

そうなった今日において、たとえばフランスのドゴール将軍が、ソ連の武力的圧迫を比較的軽視し、西欧防衛体制におけるアメリカの役割に必ずしも多くの期待を持たぬ心境になるとしても、甚だしい不自然は感じ難い。そうした意味において、ドゴール将軍が西欧の防衛体制に関して、アメリカの介入に反撥し、自国独自の核武装を重視しようとするとしても、特に不思議ではないといってよかろう。

それが世俗にいう〝咽喉もと過ぎて熱さを忘れる〟ものであることは、間違いない。しかし、人心の赴くところとしては、一つの自然なものがある。いわゆる一枚岩の団結を謳われた共産陣営の連帯関係にあっても、近年、中ソ両国の理論的仲違いが甚だしいときく。これも冷戦の緊張緩和につれて発生した現象と見ることができよう。欧洲の緊張緩和が、西欧陣営の内部に従前から潜在した多少の対立を露わにするということも、十分に考え得るのである。

アメリカ人に対する民族的感情

以上のように考えてみると、EECへの加盟にイギリスを拒んだドゴール将軍が、欧洲独自の防衛体制を打ち立てるべく、アメリカの介入に反撥しているとする世評の中には、多少の真実性が含まれているように思われる。そうした関係において、もう一つ無視できないことは、欧洲人のアメリカ人に対する感情である。

欧洲人、特にイギリスやフランスのように歴史も文化も古い国民の間には、新世界のアメリカ人に対する一種の軽侮の気持ち、すなわち、成り上がりものだとか、田舎ものだとかいった評価をする傾向がある。こうした感情はもちろん特に重大視する理由もないけれど、民族と民族との関係に一つの底流をなすという意味では、決して軽く見るわけにいかぬ場合がある。

この類の民族間の感情については、たとえばドイツ人のロシア人を見る目、中国漢民族の同じくロシア人に対する評価などにおいても、抜き難きものがあるときいている。これは余事に亘るが、ロシア人に対して一種の軽侮感を抱くドイツ人と中国人とが、それぞれ別の意味においてではあるが、ロシア人に従属する立場にいるというか、下風に立つというか、とにかく戦後の独ソ、中ソ関係には、民族感情から見て不自然なものがあることは注意に値いする。ドイツにおける難民の問題も、中ソ間における理論抗争の問題も、何れも右の民族的感情と関係があるように思われてならないのである。

それはともかく、西欧人のアメリカ人に対する評価の底に、右に述べたような一種の軽侮感があることは否定できない。そのような感情が現実政治の上に如何ほど作用するかはもとより疑問であるが、ドゴール将軍のような古い世代の人、曽てフランスやイギリスが世界の中心であった時代に育った人においては、その胸裡に横たわる昔日の感情が、知らず識らず今日の心境をまで左右しないとはいえまいと思われる。そういえば、かくいう私自身にしても、若かりし頃に刻み込まれた心底の映像が、気のつかぬ間に今日の心の動きを決定する場合も多いだろうと思わざるを得ないからである。

そういったいろいろな意味から、欧洲防衛体制に対処する上で、ドゴール将軍の心境が、フランス中心というか、欧洲本位というか、とにかくアメリカの介入に多かれ少なかれ反撥の動きをするということは、一応あり得ることであろう。しかし、それがまた世評で採り上げられるほど、大きな対立でないことも確かであろう。仮りに若干の対立があるとしても、共産侵略に対する西側の共通の立場は判然たるものである。また集団防衛時代の今日、西欧だけで単独に安全を期し難いこともまた誰の目にも明らかだからである。

私はドゴール将軍が、フランスの栄光のために尽瘁し、その目的を着々達成しつつあることに敬意を表する。殊に、ドゴール将軍の出馬以来、それまで小党分裂抗争の余弊として極度に安定を欠いていた同国の政局が、すっかり安定を取りもどしていることは、私自身の経験に照しても誠に結構なことだと慶賀せざるを得ない。そうした安定の上にこそ、多くの改善や施策が功を挙げるのである。日本国民においても、他山の石として参考に採り入れ、千思万考すべき問題ではあるまいか。

英米協調に忠実なマクミラン首相

向米一辺倒のイギリス指導者

向米一辺倒という言葉がある。私などもよくそういって非難されたものだが、イギリスの指導者はおおむね向米一辺倒である。マクミラン首相などもその例外でないように見える。

そもそも向米一辺倒というのは、中共政権初期の標語だった向ソ一辺倒をもじったに違いない。今日の中共政権は、ソ連非難で明け暮れているようだから、向ソ一辺倒どころではあるまいが、当時の向ソ一辺倒とは、すべてはソ連に習え、何でもソ連に頼れ、といった国策的な標語だったのである。ところが、それをもじった向米一辺倒の方は、アメリカ帝国主義とやらに日本が従属するといった意味の非難の言葉なのだから、少しく奇妙である。イギリスの指導者は、なべて向米一辺倒の原則に忠実であるように思う。

先年、イギリスを訪問して、時のイーデン首相に私の持論である南方華僑対策について意見を述べ、自由陣営共同の問題として採り上げるよう進言したことがある。するとイーデン首相は、ワシントンへ行って話してみてくれ、イギリスとしてアメリカの合意なくしては何事も手をつけ難い、という返事であった。私も国内では向米一辺倒だとしきりに批判されたものだったが、イーデン首相の方がよほど向米一辺倒だと、心中ひそかに苦笑したものである。

向米一辺倒といえば、西ドイツのアデナウアー首相も向米一辺倒組のようである。アデナウアー首相の言葉として、知人の伝えるところによれば、アデナウアー氏はこういったことがあるそうである。「現在の冷い戦争の対立において、我々自由陣営に属する国々はアメリカを指導者とし、中核として今日までできている。今後もその通りであろう。そうだとすれば、いささかでもアメリカの不利になるようなことには、我々としては賛成も協力もできない」。

私自身直接その言を耳にしたことはないが、アデナウアーという人は、そうした人であろうと思う。つまり、いささかでもアメリカの不利になることには荷担できない、という配慮は、たとえ追随だの、従属だのと非難されようとも、自由陣営に属する国として当然のことと考えているのではあるまいか。それは向米一辺倒とかいった問題ではない。自由世界共通の仁義、連帯責任の問題である。

イギリス保守党の指導者はアデナウアー首相と同じように、いや、それ以上に英米枢軸に忠実である。前述のイーデン元首相の言葉でもわかるが、マクミラン現首相も、アメリカとの関係ということをイギリス外交の基本としている人だ。しかもマクミラン首相に限らず、イギリス政治家の場合は、日本でしきりに行われる対米従属だの追随だのというような自らを劣等視する卑屈な態度は見られない。毅然として常に自信と矜持を失わないのは敬服に値いする。

英米の間に存する微妙な不一致

そのように、対米連繫を外交の基調、国策の根本として堅持するイギリスの政治家も、共産主義に立ち向う態度もしくは方策の点においては、アメリカの指導者との間に、或る程度の考え方の相違があるように見える。この点は労働党の幹部においてはもちろん顕著であるが、保守党の指導者においてもそのように思われる。マクミラン首相などもその例外ではない。

イギリスが北京の共産政権を逸早く承認したのは、労働党内閣当時である。この点はアメリカとイギリスとの対共産国態度において、最大の、殆んど唯一の相違点をなして、その後ずっと尾を引いている。これはアメリカを唯一の敵対勢力と目指して、国民をひたすらその方向に指導せんとする中国共産党の建国政略とも大きな関係があることである。とにかく英米両国の政治家の間に、対中共関係の考え方における若干の乖離が感ぜられることは確かである。

先年、内閣在職中の欧洲訪問のみぎり、フランスのマンデス・フランス首相ら朝野の要人と語り合った際、フランスの当時の指導者もまた私と似たような印象を、英米間の対共産主義態度について抱いていることを知った。

私はその際自由陣営協調の急務について力説し、中共とソ連との連繋を弱めるために、自由陣営の共同戦略が必要であるという私の持論を説き、同時に、中共承認問題でも明らかなように、英米間に見解の不一致のあることは不幸であるという意味を語った。

私のこの持論は多くの機会に繰り返してきたものであるが、この機会に少しく説明したい。中国人は本来自尊心も強く、古い文化と伝統を持っている国民で、ロシア人の下風に立つともいうべき状態に、永く堪え得るはずはない。早晩両者の間には溝ができるに違いないのだから、自由陣営としては両者の阻隔を図り、共産勢力を二分する政策をとるべきだ。これが私の持論である。

私にいわすれば、自由陣営の大国は右の目標と、それを実現する方法手段について意見の一致を見なければならぬ。英米がこの目標と方法とで一致していたならば、朝鮮戦争もインドシナ問題も発生していなかったかも知れない。中ソ両国が自由陣営から日本を引き離そうとしているのと逆に、自由陣営が中共をソ連から引き離すことが肝要である。

当時、フランスの政治家も、私の見解に非常に興味を示し、同感の意を表していた。そして述懐していうには、その年の夏にジュネーヴで開かれたインドシナ問題に関する休戦会議なども、珍しく中共の参加した国際会議だったので、中共と接触するよき機会だと思った、しかし英米の態度が食い違っていたため、インドシナ以外の問題を討議するところまでいかないで終って残念だったということであった。

ソ連との関係においても、英米両国の応援態度には或る程度の相違が見える。先年、ソ連のフルシチョフ首相が、六ヵ月の期限を切ってベルリンに対する自由行動を宣言した際、逸早くモスクワへ飛んで話し合いの道をつけたのはマクミラン首相であった。マクミラン首相は、その後のテレビ談話で、あの時は実は第三次大戦が始まるかと思ったと語った由である。その気持ちはよく理解できるのである。このような時に、いつも受けて立つ姿勢を示すのはアメリカであり、イギリスはいつも中にはいって当事者を宥める役割を演ずる。マクミラン首相は正にその役割を進んで果したのであり、その後も一、二回そうしたことがあった。

これは硬軟和戦の二つの構えを、二つの国で分担し合って、局面の平和的処理に貢献する結果にもなるのだから、そういう意味においては、必ずしも両者の対立とは言い難い。けれども、英米両国の共産主義に対処する考え方の根本的相違の現われであることも間違いない。つまり、共産主義者を相手にする場合も、話し合いで事が片づくと考えるイギリス風の態度に対して、実力を示すのでなければ話し合いといえども成功しないとの判断に重きを置くアメリカ流の態度との相違である。

そのように、共産勢力に対する英米の硬軟二様の考え方の相違は、しばしば対策の不一致を招くこととなり、特にアジアにおける場合、自由陣営の動きに大きな弱点となっていると思うのである。

イギリス労働党と共産主義政権

少しく余事に亘るけれど、イギリス労働党の歴史に、共産主義政権との関連において、軽挙妄動とまではいわざるも、いささか早急な判断に基いたと見られる決定が二つあると思う。しかもその一つは、今日に至るまで尾を引いて、イギリスの対中共態度を特色づける要素として残存しているように見えるのである。

その第一は、遠く一九一八年に溯っての話である。イギリス労働党はこの年初めて重要産業の国有国営をその綱領に採り上げた。つまり、社会主義政党たる名乗りを公然と挙げたのである。知られる通り、イギリスの労働党は、大陸に成長したマルクス流の社会民主主義と異る社会主義の政党であり、その伝統は最も穏健着実なフェビアン思想の流れを汲むものと理解されているが、この政党が、前述のように国有国営主義に公然と踏み切るに至った時は、内外の注目を強く引いたものである。そして、それはその前年世界に初めて生まれたロシアのソビエト社会主義政権に刺激されたものに違いないのである。

イギリス労働党が重要産業の国有国営主義を採り上げたことが、労働党として失敗であったなどの批判は余り聞かない。しかし、その後の経験や歴史の教えるところから判断すると、国有国営は現在ではこの政党にとっていささか厄介な荷物の観なきにしも非ずである。早急な判断に基く決定だったのでないかと私のいうのはその故である。

周知のごとく、イギリス労働党は、第二次大戦直後の総選挙で圧倒的な多数を得て政権を獲得し、果敢な産業国営化政策の下に、戦後の経営を進めていった。然るに、国営化は鋭意進められたが、その経済的成果は必ずしも所期の如く挙らず、戦後二度目の総選挙に得た議席は辛うじて過半数を維持する程度に落ち、三回目の選挙には過半数を失って退陣した。爾来総選挙ごとに議席を失い、国有主義を固執することの当否得失は党内の重要な論争の対象とさえなっていると聞く。

イギリス労働党と違って、判然と階級政党の立場を守ってきたドイツ社会民主党やオーストリア社会民主党などが、最近公式に階級的立場を清算し、産業国有主義を放棄した事実に照しても、前述の意味の重要さがわかるであろう。四十五年前のイギリス労働党の産業国有への踏み切りが、いささか早急な判断に影響されたのではなかったかと私が感ずるのはその点である。しかもその決定がソビエト・ロシアの出現に刺激されたものであるところに、特に注意を引かれるのである。

ところが、ソビエト・ロシアの誕生に三十余年遅れて、中国大陸に共産政権が生まれた際、自由陣営の大国の中で、逸早くこれを承認したのは、労働党執政下のイギリス政府であった。当時、イギリスの配慮が、香港の安全ということにあったであろうことは一般に推察された。従ってイギリスの共産政権承認の一事が、特に異様に受け取られることは当時においてはなかったけれど、イギリスのせっかくの配慮も、その後の経過に見る限り、必ずしもその効果を挙げていないように思われる。

香港に対する中共政権の返還要求はもとより、阻害行為なども全く行われないらしく、むしろ反対に対外交易の窓口として、この特殊な開港は中共政府の利用するところとなっている。しかし、これは特に政権承認の効果とは言い難い。むしろ中共のような鎖国経済にとって、外部との交流に必要な窓口としての役割が買われていると見るべきであろう。現に香港と同じ性格の開港マカオは、本国ポルトガルの中共不承認にも拘わらず、何ら北京政府の圧迫を受けていない。このことからも、その間の事情は推察されるであろう。

イギリスの中共承認後に、北京政府は外国商社の仮借なき閉鎖追放を敢てしている。しかもその中にはイギリス系大貿易商社の数々がある。この事実の方がむしろ注目に値いするであろう。とにかく、イギリスにとって、中共承認の政治的効果と考え得るものは殆んど見当らない。のみならず、むしろ承認と矛盾するかに見える多くの問題を残している。そしてそれらはイギリスの対米協調方針との関連において、この国の対中共政策に微妙な影響を与えているように見えるのである。

イギリスの中共承認とその矛盾

イギリスの中共政権承認の矛盾ともいうべき重要な事態は、この国と台湾の中華民国との外交関係が今日まだ続いている点に見られる。イギリスは台湾の基隆に引き続き領事館を置いている。また国府は国際連合に席を占め、イギリスは安全保障理事会で同じ常任理事国として国府と同席している。もし、〝二つの中国〟を認めるのは敵視政策だというならば、イギリスこそ中共敵視国の代表的なものといえよう。

それればかりではない。イギリスは北京政権を承認しながら、国際連合への加盟に関しては、北京の熱心な要請にも拘わらずこれを支持せず、中共の加盟を阻止し続けるアメリカと同調している。この事実はせっかく率先承認したイギリスに対する中共政権の感情をとみに冷却させたものらしい。両国の間にはいまだに正式大使の交換が行われず、代理大使で一応形をつけている有様である。

この事実は、中共政権の外交的取り扱いが、単に日本にとってだけでなく、広く国際的な難問題であることを語るものでもある。同時に曽て労働党内閣によって行われた共産政権承認が、如何に長くその矛盾の尾を引いているかを示す事例でもある。イギリス労働党は、往年、ソビエト共産国の誕生に刺激されて、産業国有化政策を早急に採り上げ、さらにその後三十余年、東洋における一大共産国家の出現に動かされて率先これを承認している。そして何れの場合にも、後々まで問題を残している。私はこの事実に注目したいのである。

もちろん、マクミラン首相としては、イギリスの中共承認の挙に何の責任もない。また、中共承認が特にイギリスに不利をもたらしたり、負担を課したりしている形跡はない。しかし、上述の事態はイギリスの共産国に対する態度、特に中共に対するいささか中途半端な態度を象徴するものとして、ここに採り上げる価値があるかと思うのである。

中共政権はその誕生早々の時期から、奉天のアメリカ総領事館の閉鎖、ワード総領事の監禁、天津アメリカ総領事館の接収などの事件を通じて、特に集中的にアメリカ国民の感情を刺激した。のみならず、その後における朝鮮戦争への介入によって、対米関係を極度に悪化させている。それだけでなく、対米関係を殊更に悪化させることによって、自国民の反感をこの国に集中させ、依って以て国民精神の鼓舞を図っているようにも見える。

これが反応として、アメリカ政府が中共政権に対して仮借なき態度を堅持しているのはいうまでもない。最近においては、冷戦の対立は中共関係にもっぱら重心が移っているといっても差支えない有様である。ところがその間にあって、何事にも対米連繫を重視するはずのイギリスは、北京政府の承認においてアメリカと対立しているのみならず、貿易関係においても、アメリカ国民の恐らく快しとしないだろうと思われる程度に、中共に対して接近の態度を示している。先年、対中共輸出調整委員会の制限を緩和する挙に出たなどはその一例であろう。

このように共産主義国に対する、特に中共政権に対する英米の微妙な不一致は、英米間の固い連繋の一つの例外ともいうべく、アジアにおいては殊に自由陣営の弱点をなしているかに見える。これはイギリスだけに関する問題ではなく、広く西欧諸国にも見られる傾向である。そしてこれは特に英米連繋の歴史的伝統に照して注目に値いすると私は思う。日本などの対中共態度に関連しても、心すべき事柄ではないかと考える次第である。

堅持される英米連繋の基本原則

そのような英米関係の微妙な不一致はあっても、大きく国際的に行動する場合には、前にも述べた通りイギリス対外政策の基調は、対米連繋の堅持にある。マクミラン首相もまたこの原則の忠実な遵奉者であることを私は疑わない。

これは世間で一般に認められるように、両国民が同じくアングロサクソン民族に属する間柄、いわゆる文字通り同文同種の関係にあるからでもあろうが、それよりも、アングロサクソンの特徴たる現実主義、実証主義の民族性から、イギリスのために謀って真の利益の道が、英米提携にあることを教えられる結果ではないかと思われる。

それにイギリスはアメリカよりも建国の歴史が古いし、文化においてもイギリス国民は独特の矜持と自信を持っている。知られるように、イギリスは二度の大戦を通じてアメリカの特別の支援を得、最後の勝利をわがものとすることができた。そして、戦後の東西対立、共産勢力の脅威に処する上においても、アメリカの力を背後の頼みとする他なき所以を熟知しているはずである。だから、イギリスはアメリカ軍に国内で多くの基地を提供しているけれど、日本における如く、隷属だの、植民地化だのという劣等意識が特に話題となるを聞かないのである。

イギリスの対米協調方針は、マクミラン首相に至って特に推進されている。アメリカとミサイル協定を結び、核情報の交換を約し、北大西洋条約軍近代化のための協力を進めたなどはその例である。その他アメリカの戦闘爆撃機部隊の駐留については、フランスはこれを拒否したに拘わらず、イギリスは受諾しているし、ポラリス装備の潜水艦のためにグラスゴーに近い基地を提供したのもマクミラン時代になってからである。

イギリス本土にあるアメリカ空軍基地は十数ヵ所に上り、駐留部隊は約三万人に達している。また、英米共同でヨークシャー州の一角に弾道弾早期警報装置の設置を計画し、本年あたり完成の予定と聞く。その他弾道弾などの兵器の供給もアメリカから受けている。なお航空機による地上攻撃用の弾道弾スカイボルトも、アメリカから供給される予定だった。最近の報道によれば、この種の弾道弾については、アメリカ自身がその製造計画を放棄したため、この協定は破棄され、その代わりにポラリス潜水艦が提供されることとなった由である。

そのように、マクミラン首相はアメリカの軍事援助を躊躇なく十分に受け入れている。こうした軍事面においてのみならず、先般のＥＥＣ加盟交渉の際にも明らかに現われたように、経済政策の面においても、アメリカと連繫を保つ方針を堅く守っているようである。

対外軍事活動でも対米協調主義

一九五六年の秋、イーデン内閣時代にフランスと提携して行われたスエズ出兵作戦は、必ずしも所期の成果を収め得ず、現地スエズにおいては国際連合の警察部隊の介入によって収拾された。この軍事行動は国内においても多くの批判を呼んで、折から健康を害していたイーデン首相はその故を以てか、引退を余儀なくされた形であった。その後継者として推薦されたマクミラン首相は、スエズ戦争で失われたイギリスの威信回復に大いに努力し、その努力はまたよく報いられたようである。

しかも、就任後幾ばくもなく発生した中東の危機に当っては、前回のスエズ作戦がアメリカの支持を得られず失敗したに反し、マクミラン首相はアメリカと緊密な連繫をとり、アメリカのレバノン派兵に並行してヨルダン進駐を断行した。また、近くは革命によって反英傾向を帯びたイラク政府が、イギリスの保護国たるクウェートに対する領土権を主張して緊張を惹き起こした際にも、クウェートの要請に応じて機敏な派兵を敢行した。そして何れの場合にも、危機の解消に成功して出兵の目的を達成している。マクミラン首相にとっては、幸運もあったかも知れぬが、確かにその記録すべき事績となったといってよかろう。

マクミラン首相の功績の一つに数え得ることは、ソ連のフルシチョフ首相によって最初に発せられた一九五八年秋の爆弾宣言の後、幾ばくもなくモスクワに乗り込み、フルシチョフ首相らソ連の要路を説いたのみならず、これに続いてフランス、西ドイツ、アメリカと順次訪問して、東西首脳会談の実現に尽瘁した一事であろう。その結果パリで開かれることとなった一九六〇年五月の頂上会談は、U2型機事件に禍されて空しく流会に終ったものの、マクミラン首相の労は、大いに多とするに値いするであろう。マクミラン首相の国際政治家としての真価は、そうした場面に当って多く発揮せられるように思われるのである。

マクミラン首相のフランスに対する関係は、ドゴール政権成立以後、とかく対立が目立つようになった観がある。これはマクミラン首相の上述のような調和的性格が、特に対ソ連関係においてドゴール大統領の強い性格と一致し難い故かも知れない。一方、またEECの誕生に対抗してマクミラン首相がEFTA（欧洲自由貿易連合）結成にEEC以外の七ヵ国を語らったことも、EECの中心勢力を以て自ら誇りとするドゴール大統領との対立を深める結果となったという事情もあるであろう。

そうした性格上の相違にも、本来対米協調に忠実なマクミラン首相のEEC加盟要請が、フランスのドゴール大統領によって必ずしも快く受け取られなかった原因の一つがあるやに思われるのである。

自由陣営の背骨ケネディ大統領

若い大統領に外交転換の期待

ケネディ大統領とは、第四回目の外遊の際、ホワイトハウスで会談したのが相見た最初であった。若いに拘わらず、自由陣営の中核を以て自他ともに許すアメリカの指導者として、その熱意と迫力とに私は強く打たれた。大統領は特に東洋における共産主義の脅威に対抗する上で、日本の役割と寄与とに大きな期待を抱いているようであった。

そもそも若い大統領ケネディ氏がホワイトハウスの主人公となった前後から、アメリカの内外政策、特に中ソ両共産国に対する応接の在り方について、新生面が生まれるだろうとの希望というか、予想というか、一種の期待が広く行われたことがある。私はこのことに予《かね》て興味を抱いていた。そしてそうした興味からその後のケネディ外交に注意を払ってきた。

これは、その直前までのアイゼンハワー政権の対共産国態度が極めて厳しいものであったのに対する反動と一応見るべきであろう。もう一つ、大統領選挙戦の論争を通じて、ケネディ候補の行った共和党外交への批判に、何となく対共産国態度の緩和を予想させるような調子が見られたことから来る期待でもあったであろう。アメリカなどのように、外交問題を政争の外に置く国柄でも、いざ選挙となれば反対党の遣り方を批判することとなり、批判する以上はその短所ともいうべき点を自ずと指摘強調することになる。そうなればまた、戦争の危険を賭するような強硬な態度を修正するかのような発言をすることにも自ずとなるであろう。ケネディ大統領候補の選挙演説が、多かれ少なかれ、新大統領の対外政策に、何らかの緩和を期待する空気を生んだことは自然だったと思われるのである。

その間の事情は、特に選挙の始まる前の年に亡くなったダレス国務長官が、いわゆる瀬戸際政策とか、力の外交とかの言葉で知られるような強硬な対共産外交を推し進めてきたことを省みれば、またよく了解できる。世間の一部ではダレス外交の時代は去ったとまで評する批判が行われたものである。

ダレス時代の力の政策と違う話し合いの外交をケネディ大統領に期待した世間の判断には、もう一つ、ソ連側の態度の変化も影響したかと思われる。ソ連側の態度の変化といっても、鬼面と微笑を自在に使い分ける変転常なきその過去を想起すれば、一時の好転をそのまま真実として受け入れることは本来愚かな沙汰であるが、しかし、人間の弱点として、強圧を受ければ畏怖動顛し、甘辞に接すれば油断軽信するのが常である。ケネディ大統領の就任を前にして、ソ連のフルシチョフ首相が示した微笑は、米ソ関係の好転を期待させるに一応十分なものがあったといわねばならぬ。

ケネディ大統領就任の半年ほど前には、U2型機撃墜事件の煽りを受けてパリ頂上会談が流会となり、その後の米ソの間柄はまた新たな危機をはらむかに見えた。ケネディ大統領の当選したのはあたかもその直後の時期であった。然るにその年の大晦日、フルシチョフ首相は、越年式宴会で演説し、米ソの間に発生した不幸な出来事はすべて水に流したい、新しい年にはアメリカの新しい政権と平和のために手をとり合って進もう、といった意味のことを述べたと伝えられた。そのようなソ連の態度急変が、ケネディ外交の首途を楽観的な空気で包んだ事情も多分にあったと考えられるのである。

さらにソ連の対米態度緩和の姿勢は、ケネディ大統領の就任を祝う贈物の如く重ねて示された。前年のU２型機事件の後幾ばくもなく、イギリス基地から発進したアメリカのRB47型偵察機が、北方海岸近くを飛行中ソ連戦闘機の攻撃により海上に不時着した事件があった。乗員二名が捕虜となり、U２型機問題によって緊張していた空気が一層悪化するかに見えた。ところがフルシチョフ首相は、ケネディ大統領就任直後、右捕虜軍人二名を釈放してアメリカ本国に送還したものである。大統領はこの二人の釈放を公表するに当り、「ソ連政府のこの措置は米ソ関係の改善に対する重大な障害を取り除くものと考える」と述べた。世間の受けた印象も同じだったであろう。

新大統領はどんな言動に出たか

しからばケネディ大統領自身は、大統領就任後如何なる言動に出ているか。先ず、一九六一年一月二十日の就任式演説の中では、冷い戦争に言及した箇所において「我々は弱味を見せて相手に手を出させるような誘惑を決して与えない」と、防衛上の根本原則を明らかにしている。

ここに特に注意を要することは、右の防衛上の根本原則は、自由陣営諸国における武力充実の努力や、集団防衛体制への協力などにも通ずるのみならず、これこそ故ダレス国務長官についていわれた力の外交にも通ずる考え方である点である。

さらにケネディ大統領は、これに続く一月三十日の上下両院合同会議に一般教書を送り、その中でも右の原則を強調している。大統領は当面最大の課題として共産主義への対応策に言及し、「我々は決して騙されてはならない。ソ連と中共の二つの国が、世界支配の野望を捨てたと迂闊に信じ込むようなことがあってはならない」と述べると同時に、「我々は軍事機構を強化せねばならぬ。今や我々は危険な時代にはいりつつあり、如何なる侵略をも空しいものとするほど強力な自由世界の軍隊を必要とする」といっている。要するにアメリカ伝統の力の外交、つまり、武力に対しては武力をもって立ち向い、宥和政策は決してとらないと同時に、さらに一歩を進めて、予め武力の優位を保つことにより、侵略行為を未然に防止せんとする政策は、ケネディ大統領に至っても、少しも変っていないのである。

それではケネディ大統領の現実政策は如何。大統領就任の年の四月には、キューバ亡命者を中心勢力とする反革命軍が本国に上陸侵攻を企てながら、政府軍によって数日ならずして掃蕩鎮圧される事件が起こった。この反革命の挙がどれだけアメリカ政府筋の支持連絡を受けていたか、それとも受けていなかったかについては、私どもは全く知る由もない。この事件はアメリカ、特にケネディ大統領の威信を損じたものとして世界に喧伝された。それと同時に、キューバの共産政権を後押しするソ連との間の空気を、改めて冷いものとするに足るものであった。

知られる通り、世界の緊張の中心は、十数年来最も注目されたベルリンを離れて、むしろ東南アジアおよび中米キューバに移ったかの観を呈していたのが当時の事態であった。ケネディ大統領は既にこの点について、一般教書において次の如く述べている。

東南アジアについては、「中共の仮借なき圧迫は、インド国境から南ベトナムやラオスのジャングルに至る全地域の安全を脅している」と述べ、さらに中南米については、「この地域の希望に満ちた平和革命を利用せんとする共産分子が、合衆国領土から僅か百四十五キロのキューバに基地を設けた。キューバに対する我々の異存は、キューバ国民の生活向上運動に対してではない。我々の異存は内外の専制勢力による圧制に対するものである。

キューバの社会的、経済的改革は結構なことである。それらの問題はいつでも交渉ができる。しかし、西半球における共産主義の支配は断じて交渉の対象たり得ない」といっているのである。

ケネディ大統領が後に至って、ラオスの危機に際して、東南アジア同盟条約によるタイ国派兵を敢行し、さらにキューバの危機に当って、ソ連の攻撃兵器輸送を制止すべく海上封鎖を宣言するなど、アメリカの巨大な軍事力を背景にして、適時適切な応手を打ち、しかも二度ともそれが成功であったことは誰も知るところであろう。ケネディ外交は緩和されるどころか、就任早々の一般教書において、既に強い方針を示しているのである。

ベルリン危機に見る力の外交

ケネディ大統領の対共産主義政策が、力に対しては力を以てする原則を、初めて明白にしたのは、就任半歳に至らずして行われた六月初めのウィーン会談に関してであった。いや、ウィーン会談に当ってフルシチョフ首相から通告されたベルリン問題処理に関する威迫をめぐってであった。

もちろん、ケネディ大統領が武力一点張りでなく、外交交渉の意義をも決して度外視するものでないことは、歴代責任者と同断である。これは改めて言を用いないことであろう。ケネディ大統領もそうであるが、アイゼンハワー前大統領にしても、故ダレス国務長官にしても、またさらに溯ってトルーマン元大統領にしても、共産主義者の如き武力の信者に応対する以上、自らもまた相手以上の武力を背景とするのでなければ無効であることを確信するだけであると、私は思う。

その点については、ケネディ大統領が前述の一般教書において、「アメリカ大統領の紋章の中の鷲は、右の爪に橄欖《オリーブ》の枝を持つと共に、左の爪では矢の束をつかんでいる。私どもはその双方に対し同等の関心を払うものである」と述べていることは私の興味を引く。その意味は必ずしも私の解釈する如くではないかも知れないが、ケネディ大統領が話し合いに対しても決してこれを軽視しないことは、フルシチョフ首相の呼びかけに応じて、わざわざ直接会談のため欧洲へ出向いたことでも理解できるであろう。そうすることによって、緊張緩和の道が幾らかでも開けるかとの期待もあってのことだったであろう。

然るに、ウィーン会談で待ち受けていたものは、フルシチョフ首相の二度目の脅迫であった。会談の内容については、直後に公表されたところにおいても、またケネディ大統領の帰国報告においても、ドイツ問題に関して討議があったという以外には多く語られていなかった。ラオス問題について、中立と独立を保障する国際協定を支持する点で合意が得られたというだけであった。

一週間後にモスクワで公表されたところによれば、フルシチョフ首相はドイツ問題に関して東西両ドイツ間の直接話し合いを求め、六ヵ月以内にそれが実現しない場合は、ソ連としては東ドイツと単独講和するであろう、そしてその場合、必然的に西ベルリンは自由市化されるであろうといった意味の覚書をケネディ大統領に手渡したとのことである。フルシチョフ首相がケネディ大統領をウィーンに誘った真の目的は、むしろこの通告にあったと思われるのである。

この種の脅迫的通告は、フルシチョフ首相としては最初ではなかった。すでに一九五八年十一月に、有名な爆弾宣言を発し、六ヵ月の期限を切って、ベルリン問題処理に関して自由行動をとる旨を明らかにしたことがあった。その後期限の六ヵ月目は到来したけれど、何事も起こらず、爆弾宣言は結局龍頭蛇尾に終った。だから、ウィーン会談で表明された期限つきの自由行動は二度目のものであった。

従って通告それ自体からは、特別の衝撃は与えられなかったようである。ところがケネディ大統領に対する覚書を裏付けするかのように、覚書から一ヵ月余り後の七月八日、フルシチョフ首相は、軍備縮小の予定計画の中止並びに軍事予算の大幅増額を発表した。これは自由陣営に新しい刺激を与え、ベルリン危機はまた改めて喧伝されるに至った。

それと同時にフルシチョフ首相は、一流の威嚇宣伝をも怠らなかった。もちろん公式に発表された事柄ではないが、あるいはモスクワ訪問のイタリア首相ファンファーニ氏に対し、あるいはまたモスクワ駐在のイギリス大使ロバーツ氏に対し、種々の機会を通じてソ連の核攻撃力を誇示している。ベルリン問題に対する西欧側の出方如何に関連して大戦の可能性を示唆するなどの事実も伝えられた。そうした各方面からの情報もまた大方の危機感を煽ったようである。

ところが、これに対するケネディ大統領の反応は厳しいものであった。フルシチョフ首相の軍事力増強の構えから、ほぼ三週間後の七月下旬、ラジオとテレビを通じて、全国に亘ってベルリンの危機について演説し、ベルリンにおける西側同盟国の権利と、西ベルリン二百万の自由なる市民に対するアメリカの誓約は飽くまで守ると言明した。そしてそれと同時に、これがための軍事力の増強など具体的な政策を明らかにし、国民の犠牲的な協力を求めた。

私はこの時、ケネディ大統領就任の前後に存在した世間の期待を想起した。つまり、新大統領をめぐって、アメリカのいわゆる力の外交に何らかの緩和的変化を予想する空気のあった事実に思い及んだのである。この時のケネディ大統領の対ソ反応ぶりは、力の外交の緩和などというよりもむしろその反対であった。世界はアメリカのこの厳しい態度を見て、ベルリン危機の重大性を改めて感得したといってもよいほどであった。

その時、ケネディ大統領はもちろん強硬な軍事的対策だけを示したのではない。ドイツ問題について中欧及び東欧の安全保障を中心として、ソ連との間に協定の可能なることを強調し、将来の東西交渉の腹案の如きものを示唆したとも報道された。しかし同時にまた、「我々は平和を求める、しかし降服はしない」と切言したとも伝えられた。ケネディ大統領がウィーン会談で受けた印象、並びにそれに続くソ連の軍事力増強が、アメリカ当局者に対して如何に強い衝撃であったかを示すものといえよう。それと同時に、その際のアメリカの反応ぶりは、後のキューバ危機に際してとられた措置と共に、アメリカの政策が依然として力の外交であること、しかもそれは、当局者の誰であるかによって変るものでないことを語るものともいえるのである。

ウィーン会談によってもたらされたベルリン危機に備えて、ケネディ大統領の国民に求めた対策に詳しく触れることは、本書の趣旨からは少しく逸脱する如く思われるが、当時の情勢を知る上の参考までに、伝えられた主なる点について略記すれば次の通りである。

第一にケネディ大統領は、陸海空三軍に合わせて二十万以上の増員を図り、そのため徴兵員数を二倍から三倍に殖やすとともに、予備役を動員し兵役期間の延長を図る大統領の権限を要求した。次に廃棄予定の艦船や航空機を現役に復活させると公表した。第三に防空壕の整備その他の民間防衛のための経費を要請した。およそ以上のような計画であって、如何にケネディ大統領が真剣に力の外交に備えようとしたかが知られるであろう。その後フルシチョフ首相の脅迫通告が再び龍頭蛇尾に終ったことは知られる通りである。

キューバ危機と大統領の果断

アメリカの力の外交が最高度に発揮されたのは、いうまでもなくキューバ封鎖の一挙であろう。詳しく記すまでもなく、世人の記憶に生々しいはずの事件である。将来に亘っても忘れられることはあるまいと思われる。当時私が特に注意を引かれたことは、場合によっては同盟諸国を、いや、同盟諸国のみならず世界の国々を、核戦争に引き込み兼ねない軍事行動であったに拘わらず、これに踏み切るに当って、アメリカが特に友邦の事前了解をとることなく、大事の決定を事後承諾の形で通告した点である。

私はこの点に強く心を打たれるものがあった。第一には、あれほどの重大事を、自国だけで独断専行したことについてである。第二には、そのような独断専行にも拘わらず、イギリスはじめ同盟諸国が逸早く支持同調の態度を表明したことについてである。ソ連がせっかくの施設を穏かにキューバから引き揚げたことも、意外といえば意外である。あの時に示されたアメリカの大胆な決定は、これに即刻左袒した同盟諸国の果断と相俟って、フルシチョフ首相への強圧となり、その迅速な転身を余儀なくさせた大きな要素ではなかったかと思う。

前にも述べたことであるが、アメリカは二度の世界大戦に介入し、結局、軍国主義者の侵略行為を空しからしめた。言い換えれば、二度とも自己の甚大な犠牲によって、人類の自由を守った。これを他の連合国の側からいえば、二度ともアメリカによって救われたのである。私はこの点に深く思いを致し、アメリカが大事を独断専行した立場を理解し得ると同時に、これに早速左袒した同盟国の心情も了解できるように思うのである。

ここでアメリカの立場について私の思うには、アメリカは如何なる場合にも、自国の力を頼む以外に、最終的に頼むものを全く持たぬということである。二度の大戦においてアメリカに救われた自由諸国は、戦後の復興再建に当っても、対共産防衛体制においても、アメリカの援助に期待し、その期待は殆んどの場合酬いられている。

然るにアメリカ自身にとっては、如何なる場合にも最後に期待し、最後に依頼すべき第三の力を全く持たない。自分自身を頼る以外に道はないのである。しかもその立ち向う相手は、常に全体主義である。仮借なく妥協の余地なき自由の敵である。一度これに敗れることは、救いのない敗戦を意味する。いわゆる絶体絶命というのは、こうした場合に当る言葉でもあろうか。

思うに共産侵略に対する恐怖心にも近いアメリカ国民の憎悪感は、このようなアメリカの絶体絶命の立場を度外視しては、とうてい理解できぬことである。西欧の自由国民にせよ、また我々日本人にせよ、自国が共産化されるような危険があっても、アメリカに逃亡して自由を味わう機会は残されている。現に東欧共産圏や東洋共産国の政治的亡命者で、アメリカにその自由を託しているものは数知れない。

しからばアメリカ人はそのような場合にどこへ亡命するか。思うてここに至るならば、アメリカ国民の共産主義を憎悪し、恐怖する心理は十分に理解できる。またアメリカの歴代責任者が、常に最高の準備を怠らず、ひたすら自国の力を最後の頼みとする所以のものもよく了解されるのである。

それと同時に、キューバ封鎖の大事を、同盟諸国に諮ることなく決定したケネディ大統領の心情も想像し得るのである。アメリカは、キューバが共産勢力の前進基地たることを防ぐために、米洲諸国を糾合するとともに、西欧並びに日本などの自由諸国へも協力を呼びかけた。たとえば、関係諸国船舶のキューバ寄港制限の要請なども繰り返して行われた。しかしこれに対する同盟諸国の応対ぶりは、決して満足なものではなかったといわねばならぬ。

そうした切実な問題ばかりでなく、一般に共産圏貿易の統制などについても、イギリスはじめ同盟諸国の態度は、アメリカの基本的利害に対する関心よりも、自国の通商上の利害に対する関心の方がとかく強いことを示している。東西の緊張の緩和するにつれて、共産陣営の中でも自由陣営の中でも、何らかの内部分裂が露わになっていると指摘した論者があった。非常事態が起こるたびにアメリカに依存した西欧諸国の間で、危機感の稀薄化につれて、アメリカを中心とする連帯感が弛《ゆる》むのは、これまた止むを得ぬことかも知れない。

ソ連の攻撃兵器の基地がキューバに大規模に設置されていることを、ケネディ大統領が知らされたのは、そのような情勢の中においてであった。もしあの時、キューバ封鎖の大事を事前に協議したとすれば、同盟諸国の一致した支持は得られなかったかも知れない。

ベルリン問題ならば強い関心を払う西欧諸国といえども、西半球の一島国にすぎぬキューバに、同じ関心を抱くとは限らないからである。

その意味からしても、ケネディ大統領の独断専行は、結果において同盟諸国一致の支持を確保し、所期の目的を達成した大きな要素であったかも知れない。少なくとも、自国の力を頼む以外に、最終的に頼むものを持たぬアメリカの立場としては、誠に止むを得ないところだったと思わざるを得ないのである。

自由の敵と戦い続けるアメリカ

アメリカは二度の大戦を通じて、自国民の多数を国外の戦場で失っている。巨大な経済的失費はいうまでもない。そして、さらに第三の戦争、つまり、先年の朝鮮戦争においては、第二次大戦に匹敵する生命と費用とを失っているという。戦後の冷戦を通じて、対外援助その他の負担に至ってはその程度を計り難い有様である。

これは全く人類の自由を守るための犠牲である。もちろんそれは他国民のためとのみはいえない。ひいてはアメリカ国民のためである。しかし、自国民のためであろうと、他国民のためであろうと、常に自由を守るためにアメリカ国民の払ってきた犠牲と努力とは、尊いとせねばならぬ。

第一次大戦においてはドイツの軍国主義から欧洲を守り、第二次大戦においては日独伊枢軸の侵略から世界を守った。朝鮮戦争において流されたアメリカ国民の血が、共産武力の南進から生ずる自由陣営破滅の危機を救ったことは明白である。もしあの場合に、あのような手段方法で、朝鮮半島全部が赤化されていたならば、日本を含む極東の情勢は現在と全く変ったものとなっていたことであろう。自由陣営全体の様相も今日と同じものであったはずはない。

アメリカは自国青年の血を流して戦った曽ての敵国たる日本や西ドイツに対してさえ、戦後は友邦としてこれを遇し、多大の費用を注いでその復興を助けた。これも、アメリカが人類の自由のために戦ったことを度外視しては理解できない。もちろん、冷戦における米ソ対立の厳しい現実が、日独の協力を必要とし、それがまた日独両国への援助となったことはわかる。しかし、米ソ対立そのものが既に自由に対する脅威との対立である。自由の敵としての共産勢力に対し、その拡大を抑制するのがアメリカの対ソ政策である。私はその点を信じて疑わない。世人もまたこの根本を忘れてはならぬのである。

ケネディ大統領も、その教書や演説のあらゆる機会において、この点を強調している。アメリカ国民は革命から生まれ、自由の中で成長したと説き、アメリカの偉大が自由と切っても切れぬ関係にあることを力説している。そして自由の敵という言葉は至るところに散見され、自由の防衛、自由に対する公約といった表現も随所に見られるのである。

世間には冷戦における東西の対立を、単純にアメリカとソ連、資本主義と社会主義といった二つの両極の対立と受け取り、甚だしきに至っては保守と革新の抗争と解し、しかも後者を進歩的なものと信じて疑わざるものが多い。そして両者対立抗争の圏外に立って、両者に関係を持たぬことが安全への道であると考え勝ちである。そうした考え方はまた中立主義の基盤の一つとなっているかにさえ見える。私にいわすれば、思わざるも甚だしきものである。

それはアメリカが二つの大戦並びに朝鮮戦争を通じて、自国に直接関係のない海外の戦場において、国民の血を流した歴史を忘れたものである。また現実には第三次世界戦争ともいうべき東西の冷戦において、終始自由のために犠牲を払い続けている所以のものが何であるかを全く理解せぬものである。私はこの点について特に国民諸君の猛省を促したい。それはアメリカは二度の戦争において、軍国主義、帝国主義の災厄から世界を救った。それは人類の自由を守った点において、今日の東西冷戦におけるアメリカの努力と相通ずるものがある。しかし二度の大戦とも資本主義と社会主義との対立などというものでは決してなかった。保守と革新の抗争でもなかった。ただ自由を守るためであったし、自由はアメリカの支援によって辛うじて守られたのである。第二次大戦においては、ソ連の共産主義体制さえが、アメリカの救援あって初めて守られたといって過言ではないのである。

それであるから、アメリカが資本主義と社会主義との対立の形でソ連の全体主義と立ち向っているのは、第二次大戦終熄後の事態にすぎない。もし、これをケネディ大統領自身好んで用いる言葉で説明するならば、自由の敵に立ち向っているのである。それを社会主義と資本主義の対立などという浅薄な観念によって理解しようとすることは、新しい意味の書生論という他ない。

ケネディ大統領は、就任五ヵ月後に、第二の一般教書を議会に送り、自由との戦いを宣言し、その中で次のようにいっている。「我々は如何なる人、如何なる国、あるいは如何なる制度にも反対しない。ただし自由の敵に反対するだけである」と。第一次大戦以来今日に至るまでのアメリカの世界政策を語り得て完璧の言と思うものである。

新しく困難な自由擁護の戦い

私が去年ケネディ大統領と会談したとき、大統領の述懐したところによれば、そうした意味の自由への新しい脅威は、ベルリンにおいてよりも、東南アジアその他の後進未開発地域において大きいとのことであった。そして中でも東南アジアについては、中共の仮借なき膨張政策に特に注意を喚起し、これが対応策において日本の役割に対する期待を表明された。

ケネディ大統領は公然と行われるよりも、隠密の裡に進められる侵略について、特にこれを重視していた。共産勢力の武力行動が、公然と冷戦の戦線を越えて発動されたのは、一九四八年のベルリン武力封鎖と、一九五〇年の朝鮮戦争の二回だけである。その二回は、何れの場合も、不成功に終っている。その後、北ベトナムを侵し、ラオスを蚕食した内戦も、さらに今日南ベトナムに起こっている事態も、公然たる侵略ではなく、隠密の裡に浸透する武力行動である。

ケネディ大統領がそうした情勢の拡大を憂え、これに対するアメリカの態度を表明したのは、前に触れた第二の一般教書である。大統領はそこで、アメリカが自由陣営の強力な背骨として、自由の体制を飽くまで守り通す意思であることを力強く宣言しているのである。

ケネディ大統領の言葉を借りていえば、西欧文明が何世紀にも亘って育て上げ、擁護してきた輝かしい人類の自由、西欧民主主義などは、一発のミサイルをも発射せず、一つの国境をもよぎらずに、一地区一地区、一国一国と蚕食されつつある。これは公然の侵略に対抗する以上に重大にして困難な対象であるという。ケネディ大統領は、「宣戦は布告されていない。しかし、アメリカ合衆国の安全にこれほど大きな脅威を与える戦争は曽てない」といっている。もし、強いて言うならば、第三次世界戦争は、このような形をもって既に早くから発生しているとも考えることができよう。

そうなるとアメリカの対抗策は、武力の誇示、力の外交だけではあり得ない。そこに新しい局面の困難が想像される。ケネディ大統領は、ウィーンにおけるフルシチョフ首相との会談において、フルシチョフ首相から、共産主義体制の将来の発展拡大について、過去の実績と将来の確信とを語られたという。このフルシチョフ首相の確信こそ、アメリカ側の自由防衛の困難を意味するものであろう。

大統領はウィーンからの帰国報告の中で、次のように述べている。「あらゆる反政府暴動、反米暴動、腐敗政権の転覆、悲惨と絶望に対する大衆の抗議などは、常に共産主義者の利用するところとなり、彼らはその波頭に乗って勝利を収めようとはするが、原因となる事態を造り出すものは共産主義者ではない。これらをすべて共産主義者の煽動によるものと片づけるわけにはいかない」と。

そこで共産主義者の乗ずる機会を提供する原因自体を予め除去することが肝要となる。それにはもちろんあらゆる軍事面において水準を高め、共産主義の軍事的進出を阻止する能力、撃退する用意を完備することが必要だが、半面また細心にして周到なる経済援助が必要である。もっともこの道も決して安易な道ではない。アメリカの直面する問題が異常に困難なものであることはよく理解できるのである。

さらに、ケネディ大統領は経済援助を与える相手国において、その国内の革新勢力へ希望を与える方針を意識的に採りはじめているように見える。アメリカ国民は自由を求めて独立し、自由の中で今日の大をなしている。アメリカ国民の求めて止まないものを、後進国民にも求めさせねばならぬ。そうした意味から、ケネディ大統領は、後進民族に見られるいわゆる植民地主義反対の心理に対し、これを批判するよりも、同調する方向に動きつつあるやに見える。この点はケネディ外交の新生面ということができるかも知れない。私どもにもそうした意味は理解できるのである。

日本などでは、前にも指摘した通り、アメリカとソ連との対立を、資本主義と社会主義との対立の如く見なし、従って、アメリカを保守反動、ソ連を進歩革新と考える風潮がまだ残存している。そして共産主義というものを、資本主義よりも歴史的に一段と上位の発展段階であるかの如き前提の下に議論しているものが多い。私はこうした根本こそが、冷戦の実体への正しい理解を妨げていると思わざるを得ない。

アメリカ人の如く観念よりも現実に生きる国民の目に映る共産主義の姿は余程違ったもののようである。アメリカ人の見方からすれば、いや、特にアメリカ人といわず、およそ正しく物事を見極めるものからすれば、共産主義は社会発展の次の段階どころか、人類の多年築き上げてきた民主主義並びに自由の原則に反するものである。古い専制体制の現代版である。たまたまマルクスの理論を以て彩飾されているところに、思慮の浅い知識人を眩惑させるものがあるけれど、共産主義の現実に推進しているところは、人類の奴隷化であり、搾取である。国際共産主義の拡大は新しい形の植民地主義、帝国主義である。

今や自由世界はそうした新しい植民地主義、帝国主義の脅威に曝されている。自由世界は力を合わせて、自らの防衛のために立たねばならぬ。そうした意味からすれば、アメリカは自由陣営の支柱であり、ケネディ大統領は、ジェファーソン、リンカーンなど先輩政治家の流れを汲む自由陣営のバック・ボーンたるの役目を背負っているのである。

私は戦後数次の世界訪問旅行を通じて、今日こそ、自由陣営の共同の敵に対して結束すべき時であることを痛感した。いささか脇道に外れた感もあるが、特にここに強調する所以である。

占領の恩人マッカーサー元帥

占領時代の最高司令官として日本に馴染みの深いマッカーサー元帥は、今日もなお健在である。ランド・レミントンというタイプライター会社の取締役会長の地位にあり、いわば民間人になっている。これまで述べてきた政治家たちとはいささか立場を異にする人であるが、私としては忘れ難い人の一人でもある。この機会に少しく同元帥について記しておきたい。

占領の恩人という言い方には、言葉自身に若干の矛盾が含まれているようにも思われるし、また戦勝国進駐軍の司令官を恩人などと呼ぶことに抵抗を感ずる人もあるかと思う。しかし、私の知り、私の感ずるところでは、占領の恩人という表現が、私の言わんとするところに最も適切に合致するように思われる。日本が今日あるに当り、マッカーサー元帥の配慮と好意とを度外視して考えられぬことが多々あると確信するからである。

マッカーサー元帥は如何なる事情によるものか、任半ばにして司令官の職を解かれた。恐らく不本意の気持ちで東京を去ったものと思われるが、私は帰国後の同元帥に対しても、東京在任中の配慮や好意を忘れ難く、訪米の機会あるたびにいつも面談して想い出を語るのを常としている。先年、講和条約調印十周年を迎える機会に当って、故ダレス国務長官と共にマッカーサー元帥を東京に招いて記念の祝典を催したいと考えたことがあったが、その願いはついに果せなかった。

然のみならず、その十周年に当る昭和三十六年九月には、ダレス国務長官はすでに亡き数にはいっており、招きたくても招き得ない事態を迎えていた。せめてマッカーサー元帥をはじめ、日本の今日あるために、蔭になり日向になって尽してくれた数々の人を招き、わが復興ぶりを親しく見てもらえたらと思う。私はそうした願いを今日まだ捨て難いのである。

物わかりよく呑み込みも早い人

マッカーサー元帥が、占領軍最高司令官として、日本のために計らってくれた諸点を語る前に、占領管理政策の基本をなした二つの相対立する思想の流れについて記したい。

その一つは、日本の民主化を推し進めようとする理念ともいうべきものであった。これはもちろん占領政策の表看板であり、正統であって、ワシントンで予め立てられた基本計画に忠実なものであった。然るにいま一つの考え方は、悪くいえば便宜主義、御都合主義ともいえるかと思うが、つまり民心の安定、治安の確保などに重きを置くものであった。強いていえば、後者においては民主化の形式は二の次で、とにかく占領政策が円滑に進められるという実質的効果を至上としていたように思われる。そしてマッカーサー元帥自身は、物わかりがよく、呑み込みの早い人柄で、むしろこの後者の方に、より多くの関心を払っていたのではないかと思うのである。

前者の日本民主化の仕事を担当したのは、民政局とか、経済科学局とかの名で日本人に知られた部局であって、民政局長だったホイットニー准将の名は今でも記憶する人は少なくないであろう。

いま一つの治安関係に関心を持つのは、最高司令官の幕僚たる参謀部の第二部に属する部局で、ウィロビーという少将がその第二部長であった。民政局や経済科学局などの担当官が民間出身の応召軍人であったのに対して、参謀部の担当官が生粋の軍人、根っからの作戦人であったことなども、こうした二つの部局の間に、仕事上の対立と同時に、感情の対立をも招くに至ったのではないかと思われる。両者の間柄は人間関係としても円滑にいっていなかったようである。

たとえば苛酷な政治的追放とか、労働組合に関する寛大な立法とか、警察民主化を名とする極端な細分弱体化とか、神社神道に対する厳しい圧迫とか、およそ初期占領政治において行き過ぎと思われる諸改革は、悉く民政局を主として推進されたものである。そしてそれは日本が極端な超国家主義、軍国主義の国、労働者を弾圧する警察国家だという前提に立ち、しかもその国家主義、軍国主義の源泉は神道にあるといったような独断の下に立案された改革だったのである。

なお、そうした民政局をはじめ、経済科学局その他の部局の比較的若い職員の間に、ニューディーラーと呼ばれる革新分子が、特に占領の初期に多くはいり込んでいた形跡があった。これらの人たちは、右に述べた占領改革の理想を追求したがる典型的な連中であって、自ら日頃抱懐する進歩的な改革案を試す動物実験のようなものに、占領下の日本を利用したといってはいささか過言であろうが、そう言いたくなるような嫌いのあったことは事実である。中には、わが国の左翼急進分子と脈絡をとっていたものもあったとさえ聞くのである。

そういう次第であったから、この民政局その他の民主化を名とする改革は、人心の安定、治安の維持、経済の復興などという当面の必要とはとかく没交渉となり易く、いわば改革のための改革といったものに陥り勝ちであった。極言すれば地に着かぬ机上の改革案を強行するといったことにも成ったのである。

そこで、私どもとしては、日米両国のためにも善かれと思って進言し、抗弁する場合が多くなり、それがややもすれば反抗とか不服従とかに受け取られた。そして日本政府側の責任者が疎んぜられる傾向が生じ、ひいては最高の責任者だった私に対して、好ましからぬ気持ちを民政局方面の人たちが抱くようになったのも止むを得なかったであろう。

然るに、そうした改革のための改革といったことに対しては、マッカーサー元帥の幕僚たちは多くの意義を認めようとせず、場合によってはむしろ反対の感情を以て迎えていたようである。マッカーサー元帥自身も、どちらかといえば、この参謀部の人たちに近い気持ちであったのであろう。少なくとも元帥が民心の安定、治安の維持、経済の復興といった現実の課題に対して多くの関心を持ったことは確かであった。そうした見地から私ども日本政府側の立場を理解し、陰に陽に支持してくれたものである。

私はいつも直接元帥に面会した

占領下の政治は一から十まで総司令部の了解をとらねばならぬ状態だった。政治の局に立つものは、誰も総司令部との連絡を緊密円滑にする必要があった。それが俗にGHQ詣りといわれる現象を呈するに至ったわけだが、その参詣の相手はとかく民政局とか経済科学局とかの部局の幹部ということになった。そして廊下で待たされて、やっと呼び込まれて面会するといった有様だったらしい。

然るに私はいつもマッカーサー総司令官に直通で面会して用を達した。前に述べたような幕僚の諸君と親しくした関係もあって、元帥もいつも快く面会してくれた。そして、当方の申入れを直ぐ了解してくれ、局長連中のお歴々を直接呼びつけて指示するといった有様だった。お歴々も元帥の前では何も言えないのか、即座に話が極まってしまうのである。

マッカーサー元帥自身が、前にいったように、非常に物わかりのよい、呑み込みの早い人だったが、一方また平素から参謀部の人たちに対して、問題の性質だの、現実の事情だの、日本政府の考え方だのを予め了解を求めておくように努めたこともあって、私が総司令官に面会する前に、用向きの意味が概略理解されていたといったような事情も手伝ったのかも知れない。

恐らくそんな調子であったからであろう。私は総司令部でも民政局長のホイットニー氏などには、何となく好ましくない人物となっていたようである。それというのも、日本に対する種々の改革の要請に対して、その行き過ぎや実情無視の点についての折衝が、どうしても民政局との間に最も多かったからであろう。そのうえ、民政局の幹部の総司令部内での羽振りは、飛ぶ鳥も落とすというか、日本人の大多数はひたすらこれに対し卑屈な追随を事とするといった風だったから、私どもの態度は特別に気に障ったのであろう。

こんな事実もあった。いつ頃のことだったか忘れたが、日本側の終戦連絡事務局長が総司令部民政局に呼び出されて、ホイットニー局長から日本政府が占領軍の命令を軽んずる傾向があると指摘された。さらに、このような状態だと、今後は止むを得ず強硬な政策に転換せねばならぬと最高司令官は考えている、と伝えられたというのである。報告を受けた私は、早速マッカーサー元帥を訪ねてその旨を質したところ、元帥はそんな強硬政策への転換など何も知らぬ、という返事であった。

昭和二十三年の秋、芦田内閣の倒れた後、次の政権が自ずと私どもの自由党へ移るという情勢になった時、総裁だった私が内閣首班となるのを妨げるべく、総司令部のホイットニー民政局長が他の候補者を推そうと画策した経緯があった。何しろ芦田内閣の与党だった社会党と民主党とで議席の過半を制しており、自由党は少数党だったのだから、右両党が反対する以上、内閣首班の指名は得られなかった。両党はいわば自由党の誰を首班に推そうと自在に決め得る事情にあった。その点を衝いて、ホイットニー民政局長が私の排斥を図り、社会、民主両党もこれに同調したわけである。恐らく国会の解散を回避したい希望もあったのであろう。

そうなると自ずとまた、吉田が後継候補では総司令部の承認は得られないのだといったような説が伝わり、あたかもマッカーサー元帥が私を忌避しているかのような取沙汰でもあった。そこで私は直接マッカーサー元帥に会った。「次の政局は自由党で担当することになった。ついては私がまた局にあたることになるから、よろしく頼む」と挨拶したところ、「それは良かった。大いにやってほしい」と、元帥はむしろ激励してくれたのである。世間に伝わる流説については全く知らぬ様子であった。

ところが、いざ内閣を組織したら、こんどは憲法第六十九条によって、内閣不信任決議がなければ国会の解散はできないという解釈を、民政局あたりの意向だといって伝えはじめた。少数党の自由党では、国会を解散して選挙で勝たねば何もできない状態である。然るに、社会、民主両党は芦田内閣倒潰の直接原因となった疑獄事件などの関係から、早期の選挙は不利と考えたのであろう。政府が自由に解散に訴えることを防ぐために考え出された憲法解釈である。

現在でこそ政府の自由な判断で解散できるような解釈が確立され、その前例もあるが、当時は新憲法下では初めてでもあり、またホイットニー准将の本国アメリカには国会解散の制度などはないのであるから、日本の旧憲法や新憲法などのようなイギリス流の国会解散は呑み込めなかったのかも知れない。また新憲法の生みの親として、民政局あたりが独特の解釈を固執した気持ちもわかるのである。

そこで私はマッカーサー元帥に直接訴えて、憲法解釈と政局の実情とを話した。物わかりがよく現実主義者の元帥は、早速実際問題として処理する方式として、野党三派が吉田内閣の不信任を議決すればよいではないかと、ホイットニー民政局長に指示したらしい。結局、その通りに事が運び、私どもは国会解散によって選挙に訴えることができた。世にこれを〝馴れ合い解散〟と称したが、憲法解釈では民政局の顔を立て、現実には政局の打開を図った元帥の常識的な裁断であった。翌年一月の選挙で自由党が圧倒的多数を得たことは知られる通りである。

早期講和は元帥早くからの希望

連合国軍の日本占領の当初は、占領期間の予測に関して、十年だの、二十年だの、さらにもっと長期だろうなどの悲観的な見通しが行われたものである。実際は講和条約調印まで六ヵ年余、独立までを数えても六年八ヵ月で占領は終了した。六年という歳月は決して短い時間とは言い難いけれど、占領期間が最初に予測されたよりも遥かに短いものであったことは間違いない。然のみならず、講和条約の交渉の始まった昭和二十五年夏頃からは、占領政治の実体はとみに緩和されたものとなっていたのである。

マッカーサー元帥は、軍事占領の長いことは、悪い副産物を生じ易いものであることをよく口にしていた。日本に来任している占領軍職員の中に、素質の良くない分子のあることが話題となった折なども、本国の景気がよくて就職の機会が多いものだから、素質の良い人物は余り占領地などへ来たがらないので困るなどと、笑いながら語ったものである。

それであるから早期講和ということは、マッカーサー元帥の持論のようなものであった。そのうえ、マッカーサー元帥は私の説明をよく理解してくれて、占領改革の行き過ぎや、日本の国情に合わぬことについて、その是正を図るいろいろな申し出でを支持してくれた。そして適当な是正案である以上は、独立を待たずして順次着手したがよいとの意向も示してくれた。そこで私は元帥から原則的に賛成を得ていた幾項目かを、要望書に纏めて提出するばかりになっていた折も折、元帥の総司令官解任の事が起こり、要望書は後任のリッジウェー大将に提出する他なかった。

新司令官は着任早々の五月、新憲法四周年記念日を前にして特に声明を発し、日本の独立に備えるために、占領管理の緩和を図る旨を明らかにすると同時に、日本政府に対して、ポツダム政令などによる改革の修正、再検討の権限を与えると発表した。その結果、日本政府も占領以来の各種法令の再検討を公然と開始することとなり、総理大臣直属の最高諮問委員会を設けた。当時いわゆる政令諮問委員会がこれである。こうした総司令部の指示も、マッカーサー元帥の意向が引き継がれたものだろうと私は想像する。

もちろん、あの時期において、あのような形で講和が進められたについては、冷戦の進行、特に朝鮮戦争の勃発などの環境条件の変化も大いに手伝ってのことであろう。しかし、マッカーサー元帥の、占領管理責任者としての意向が強く作用したこともまた否定できないと思う。

天皇制護持のマッカーサー憲法

マッカーサー元帥とわが皇室との関係については、特に忘れられぬことが多い。元帥は若かりし頃に、フィリピン駐在米軍司令官だった父君アーサー・マッカーサー中将の副官として、日露戦争の観戦に随行し、わが将軍たちにも会う機会を持ったなどの関係で、日本の事情にも通じ、日本人を知ることも深かったようである。従って、日本における皇室と国民との関係についても熟知するところが多かったのであろう。五箇条の御誓文のことも知っていると、私に語ったことがある。

元帥が日本進駐の司令官として考えたことは、日本の降伏を円滑に実現するためには、天皇陛下のお力に頼るべきであるということであったと想像される。終戦そのものも、天皇陛下の詔勅によって無用の血を流すことなく行われたことを知っている。占領政治の実施面において、何れかといえば現実主義的、実際主義的であった元帥が、わが皇室の存在について徒らに観念論に流れず、在るがままの姿を着実にとらえたのは、至極自然であると理解されるのである。半面また日本国民として元帥に対し多とせねばならぬところである。

極東軍事裁判の進行につれて、元満洲国皇帝の溥儀氏が証人として喚問されるや、対日理事会のソ連代表あたりから、「日本の天皇も証人として喚問せよ」との論が出たことがある。今日では多くの人々は忘れているかも知れぬが、当時としては大問題であった。そのようなことが、無用有害な沙汰であることを最もよく知って、「その必要なし」と真向から喚問を拒んだのは、元帥ともう一人キーナン首席検事であった。両者の処置が誠に適切なものであったことは今日では誰にも明らかであろう。当時としてはいろいろ困難な案件であったと聞いている。この点においても、マッカーサー元帥に対し、深く謝さねばならぬと思うのである。

天皇陛下がマッカーサー元帥と初めてお会いになったのは、占領後間もない頃である。私が東久邇内閣の外務大臣に就任したばかりの時であった。陛下の御内意をマッカーサー元帥にお伝えすると、元帥もすぐ同意した。ただ、自分の方から宮中へ伺うことはできないが、陛下の方で訪ねて来られるならば、いつでも喜んでお会いしたいということであった。占領軍の総司令官は、降伏条件により憲法以上の地位にあった。従って天皇陛下よりも上位にあるという建前を貫く意味であったと解釈した。

後になって聞かされたことであったが、右と同じ理由からであろう、陛下が元帥を訪問される際でも、玄関への送り迎えは最高司令官の方ではしないという約束であったという。然るに、最初に約束通り出迎えることをしなかった元帥も、陛下と会談の後は、何故か、わざわざ玄関までお見送りし、御料車へお乗りになる陛下に手を添えんばかりの親しさを示したということである。陛下のお人柄に強い魅力を覚えた結果だと思わざるを得ない。第一回の御会見の後に元帥から私の聞いたことだが、元帥は、陛下ほど自然のままの純真且つ善良な方に自分は会ったことがない、実に立派なお人柄であると語っていた。

マッカーサー元帥と皇室との関係において、どうしても記しておかねばならぬことがある。それは新憲法の制定を急いでわが方の政府を督励した元帥の真意が、日本国民と皇室との間柄を、その在るべき最も理想的な姿に存続させたいという狙いにあったと推測すべき理由のある点である。

敗戦日本における皇室の在り方については、カイロ宣言においても、日本国民の選ぶところに任されることになっていたし、ポツダム宣言受諾に当っても、同様の趣旨の条件が示されている。占領管理が皇室の地位について、特別な強制をするような道理は本来ならば考えられぬはずであった。またグルー元駐日大使など日本を知る人士は、早くからアメリカ国内で日本の国体についての啓蒙をしていてくれたものである。

敗戦後の日本をめぐる現実は必ずしも国民として心安うしていられぬものがあった。殊に極東委員会方面での空気は、ソ連代表はもとより、オーストラリア代表などの態度もまたしばしば厳しい意向を示していた。アメリカ国内ですら、日本の天皇制に疑問を抱くものが少なくなかったらしく、日本の国家主義、軍国主義を皇室と結びつける論者も多かったと聞く。

敗戦の結果、皇室の御地位が必ずしも安泰でないことを思わせる兆候としては、前に記した極東裁判における天皇喚問の要請なども見落とし難く、また天皇御退位の必要も、論議される有様であった。そうした環境において、新憲法の誕生が遅れることは、その内容に対して良い影響をもたらさないことを元帥は察知した。そこで外部からの干渉に先手を打って、総司令部草案による新憲法の制定を急がせたものと確信するのである。

そのことは、憲法原案に関する総司令部との折衝過程において、天皇の地位その他に関して彼我の意見が岐れた際に、総司令部側が口癖のように繰り返したのが、極東委員会あたりとの関係で結局皇室のためになるのだという言葉であったことからも知られる。また当時の幣原総理がマッカーサー元帥に直接確かめたところとして閣議に報告された中には、総司令部草案は天皇制護持を図るためのものであるという元帥の説明があったそうである。

世には新憲法制定過程における総司令部の異常な督促ぶりに対する非難をこめて、マッカーサー憲法などと称するものがあるが、もしそこに強制の事実がありとしても、それは日本政府が総司令部によって強制されたのではなく、総司令部を含めた日本そのものが、四囲の情勢によって強制されたものである。その間におけるマッカーサー元帥のわが皇室に対する敬意と好意とは、没却すべからざる真実であり、その意味においては正にマッカーサー憲法といって差支えないであろう。この間の事情は憲法調査会の調査結果でも明らかになったはずである。

元帥は私に対して「日本は戦争に敗れたとはいえ、皇室の存在は依然磐石の重きをなしている。この皇室を中心に団結するのでなければ日本の復興再建は困難に陥るであろう」と語ったことがある。日本の速かなる安定と再建とを占領政策の大眼目としたマッカーサー元帥が、新憲法制定に当って、皇室制度の護持を最高の目標とした気持ちは、元帥に接することの多かった私には十分に理解できる。日本の今日あるに関して、元帥の配慮と好意とを私の多として止まぬ理由の一つはここにも存するのである。

再軍備問題とマッカーサー元帥

日本国憲法の中で最大の特色をなす戦争放棄、軍備否定の第九条について、その発案者が誰であるかの問題が、一般に興味を持たれていたようである。それがマッカーサー元帥であれ、幣原総理であれ、あのような条項を入れることによって、日本が真の平和国家として信用されることを狙いとしたのであろうことを私は疑わない。私自身としても当時の閣僚の一員として、また後には国会や枢密院の審議を求める責任者として、憲法第九条に託した期待は、日本の信用回復によって一日も早く独立国に立ち帰りたいというにあった。そして現にその通り説明したものである。

それであるから、憲法第九条は、いわゆる不磨の大典の一条項として、将来に亘って変らざる意義を持つものというよりも、どちらかといえば間近な政治的効果に重きを置かれた傾きがあった。そして、その間近な目標から見れば、憲法の平和条項は目的に叶ったとでもいうか、とにかく日本は曽ての侵略国、好戦国の汚名をやがて一掃することができたと私は信ずる。

また第九条第一項の戦争放棄に関しても、その後日本政府はこの条項に忠実に従い、幾多の国際紛争に直面しても、武力行使による解決を敢てしようと試みたことはない。行使するに足る然るべき武力がないからでもあろうが、同時にまた戦争放棄条項に関する理解と尊重とが国民の間に広く浸透し、それが政府の態度に対する無言の支持となっている点も見逃してはならぬと思う。

しかしながら、第九条第二項の軍備否定の条項は、永きに亘って堅持すべき憲法の規定としては、多かれ少なかれ問題があることはこれを認めねばなるまい。この点に関して改正意見が広く行われているのも問題の一つだし、裁判所に駐留軍違憲判決の現われたのも、そこに問題があることを意味するであろう。私の内閣在任中を通じて、絶えず再軍備の如何が国会質問の対象にされたことも、要するに第九条第二項をめぐっての疑問であるといわねばなるまい。

私の在任中はしばしば再軍備が問題になり、また前記のように国会の質問を通じて、世間の批判の対象として採り上げられたが、私自身は当時、一度も再軍備そのものを考えたことはない。つまり再軍備が具体的な政策上の問題となったことはないのである。

日本に再軍備を要請して、判然と憲法第九条に触れるかのような提案をしたのは、故ダレス国務長官であった。朝鮮戦争の直前で、ダレス氏はまだ国務省顧問、大統領特使の資格であったが、私はいろいろの理由を挙げてこれに反対し、最後には憲法第九条をまで持ち出してその不可を説いた。そして結局マッカーサー元帥の仲裁のような形で、辛うじてダレス氏の了承を得ることができた。

当時の私の意見では、第一に、現代の軍備というものは非常に巨額の費用を食うものであって、とうてい敗戦日本の堪え得るところでないというにあった。そのうえ、再軍備の背景たる国民の心理的基盤は全く失われている。また理由なき戦争に駆り立てられた国民にとって、忘れ難い戦争の傷跡が幾つも未解決のまま残っている。こうした種々の条件を考え合わせて、私としては再軍備には極めて消極的だったのである。

ダレス氏との間で再軍備について話し合ったのは、当時日本橋の三井本館にあった総司令部外交局と称する事務所の一角であった。外部から中が見えぬように、ダレス氏は自ら立って部屋のカーテンを閉じるといった慎重さで、話題が講和独立、占領軍撤退後の防衛方策に及んだ時、ダレス氏から日本の再軍備が持ち出された。私は前記のような理由を挙げて反対した。議論は二時間以上にも亘ったかと思う。

ダレス氏は非常に不満であった。最後に、私はマッカーサー総司令官のところへ行って話そうと提案し、ダレス氏も同行してくれた。そして元帥の前でやはり同じ主張を繰り返した。私は日本の当時の実情で再軍備などとうてい実現できることではない旨を述べ、それは吉田内閣を倒潰に導くものであるとまでいった。

ところが、マッカーサー元帥は私の言い分に対して理解の態度を示し、「吉田の心配ももっともだ。ついてはこういうことにしたらどうだろうか」といって、分厚い書類を取り出してダレス氏に渡し、「日本陸海軍の旧施設で遊休工場となっているのが多数にある。

それらを活用してアメリカの軍備再建への助けにしてはどうか」と提案した。その分厚い書類は元帥のいう遊休軍工場の一覧表であった。ダレス氏は結局了承したのである。

実はこのダレス特使との論争の一幕は、事前に大体推察されたところであった。そこで私は前以てマッカーサー元帥に会って、ダレス氏との間に意見が合わない場合には、然るべく助け舟を出してほしいと頼んでおいた。この経緯は、元帥が日本の実情を熟知し、私どもの立場を理解してくれたと同時に、問題を実際的に解決する才腕の持主であることを物語るものであろう。日本の再軍備問題とマッカーサー元帥の間には、こうした挿話があるのである。

なおこの際、現在の私の軍備観について附記するならば、根本の点において前記の意見と変らないのみならず、現代は孤立自衛の時代でなく、集団防衛が基本であると考える。日米共同防衛体制は、その集団防衛の一つの形であって、日本はそれによって自国国土の安全を所期し得ると同時に、本来ならば軍備のために傾注される経済力を、主として国民生活向上のために活用し得るのである。しかし、いつまでも他国の力を当てにすることは疑問であって、自らも余力の許す限り、防衛力の充実に努めねばならない。日米相互安全保障条約にいうところの防衛力漸増の努力を進めねばならぬと思うのである。

信念と達識の外交家故ダレス国務長官

マッカーサー元帥をもし〝占領の恩人〟というならば、故ダレス国務長官は〝講和の恩人〟と呼ばねばならぬ。マッカーサー元帥は講和条約の締結を促進したという意味で恩人であるが、ダレス氏はいわゆる〝和解と信頼の講和〟をもたらした人として、この人も日本の今日あるにつき、大きな役割を演じた人の一人である。私にとってはこの人が既に他界して、今日の日本の復興再建ぶりをその目で見てもらうことのできぬのを最大の痛恨事とするものである。

ダレス氏の骨折りで成立した対日講和条約は、正にダレス氏の言葉の通り、和解と信頼の条約であって、戦争を仕掛けて敗れた国に対する講和条約としては、史上に前例のない寛大なものである。ダレス氏がいつか私にいったことであるが、もしあの条約がいま二、三年も早く結ばれていたら、余程趣の変った厳しいものであっただろうということであった。

普通、講和条約というものは敗戦国代表が講和会議で集団威迫に直面し、自己の主張は何ら認められず、戦勝国側から押しつけられて受諾させられるものである。ところが日本の場合は、その困難な役割はダレス氏が引き受けてくれたわけである。そして我々日本人が局に当ったならば、とうてい実現できなかったであろうと思われる幾多の重大な譲歩を、他の連合国から取りつけてくれたのである。

ダレス氏の外交家としての一つの異色ともいうべきことは、右の対日講和条約草案の作成に際しても見られたように、東奔西走して疲れることを知らず、「トラベリング・ネゴシエーター」の異名をとったことである。航空距離実に九十万キロ、地球を二十二回まわった計算になるといわれる。最後の入院の直前まで欧洲諸国を飛び回っていたとのことである。

ダレス外交に対する世間の誤解

ダレス氏が対日講和条約を手がけた頃は、民主党のトルーマン大統領時代である。共和党員であったダレス氏は前にも記した如く、国務省顧問、大統領特使として日本へ三度も来訪し、世界各国を飛び回って条約草案を作り上げたのである。これは対日講和条約のような重大な外交案件については、議会勢力の一致した支持の必要であることを知っていたトルーマン大統領の特別な配慮であったと思う。それと同時に、ダレス氏が勝れた達識の外交家であったからであることはいうまでもあるまい。

ダレス氏は一九五三年一月、アイゼンハワー大統領の下に国務長官に就任し、爾来一九五九年五月逝去するまで六年以上に亘って、アメリカの外交政策、いや、自由世界の対共産圏外交を指導したといって過言であるまい。ダレス外交の基本は、対ソ巻き返しとか、瀬戸際政策とかの俗称で呼ばれ、とかく強圧一点張りの武力外交であるかの如く思いなされていたけれど、これについては世間に非常に大きな誤解があったのではないかと私は思う。

誤解は二つの面にあると思う。一つは、対共産圏外交において武力の背景を必要とするのは、特にダレス氏独特の見解ではなく、要するに武力を用いるものに対応するには武力の優位を予め知らしめることが必要だとする一般の考え方にすぎない点についてである。言い換えれば、いわゆる宥和政策、アピーズメント・ポリシーを否定する立場にすぎない。もっともダレス氏はその見解を、誰憚るところなく露わに披瀝した。それが誤解を招いたとも思われる。私からいわすれば、それはダレス氏の信念とその強い性格のさせたことに違いないのである。

ダレス氏に対する誤解のもう一つの面は、武力の優位を保つことを原則とするいわゆる力の均衡は、ダレス氏に限らずトルーマン以来、いや、場合によってはもっと以前からのアメリカ伝統の国策である点が見落とされていることにある。それは決してダレス氏独特のものでなく、冷い戦争開始以来の自由陣営共通の考え方であるはずである。

宥和政策が結局侵略主義に対して効果なく、却って平和の攪乱に終った実例は、ヒトラーの領土的野心に対して、これを或る程度満足させることによって平和を購おうとしたいわゆる〝ミュンヘンの失敗〟で知られている。ヒトラーに対して失敗した宥和政策を、新しい冷戦の敵に対して用いまいとするのが、武力には武力を以てする外交である。ダレス氏はただそれを断乎と、明白に言い表わしただけであると私は思うのである。

これについては興味ある話がある。右に述べたミュンヘン会談における英仏側の譲歩に気をよくしたヒトラーは、戦争の脅威を背景にして突進しさえすれば、幾つもの侵略を安全に積み重ねていけると考え始めたらしい。そうした危険が露わになった一九三〇年代の末頃、ソ連のスターリン首相は、侵略者を早期に懲しめようとしない英、仏など西方諸国の優柔不断を非難し、侵略者に対しては集団的に抵抗することが必要だと強調しているのである。

これはナチス・ドイツ東漸の危険に対して、英、仏両国も国際連盟も頼むに足らずと見たスターリンが、一九三九年三月の第十八回共産党大会で行った演説である。侵略者に対して譲歩に次ぐ譲歩を行うことは、局地戦争を世界戦争にまで発展させるものだといっているところは、特に注意する値打ちがあろう。

このスターリンの懸念は、不幸にして的中し、その後半年足らずして第二次世界大戦が始まっている。私が注意する値打ちがあるというのは、スターリンのいわば先見も然ることながら、当時のスターリンの考え方が、正に今日アメリカが共産侵略に対して執っている態度に通ずるからである。ダレス氏についていわれた力の外交にも通ずるのはいうまでもない。

このスターリンの発言は、国際政治史上有名な演説だそうで、ダレス氏はその死の前年、ある会合での演説でこれに言及し、「今回は役者が入れ替わっている。一九三九年当時はソ連が侵略を恐れたものだが、現在はソ連自らが世界の脅威になっている」と述べている。さらに、ソ連は往年侵略者に対して必要を叫んだ集団防衛を今では非難し、ソ連の狙う個々の国家の孤立化を望んでいるとダレス氏は指摘している。私が興味ある話というのはこのことである。

ダレス氏はなお右の演説において、「次から次へと譲歩する政策が平和へ導くものでないことは、一九三九年当時と今日と全く変らない。アメリカはそのような政策を拒否するものである」といっており、さらに続いて、「拒否しているのは我々だけではない。自由世界の多数の国々は、一国に対する攻撃はすべての同盟国に対する攻撃とみなすとの原則の下に、集団防衛体制を形造っているのである」と強調している。

安易な譲歩を否定し、力に対しては力を以てする政策が、ダレス氏の専売でないことは、以上によって明らかであろう。ダレス氏を目して力の外交の信者であるかのように思いなすことの誤りもまた明らかであろう。さらに、日本が内外の共産勢力によって孤立化、中立化を企図されつつある事態に対処して、集団防衛の体制を固め、且つ自らも最小限度の防衛力漸増に努めることの意味も、自ずから理解されるであろう。

いわゆる〝瀬戸際政策〟の由来

ダレス氏が特に力の外交の信者のように思われるに至った原因については的確でないが、一九五六年一月の米誌『ライフ』に発表された「如何にして戦争を回避したか」というダレス国務長官の一文が原因だろうとのことである。

その内容は、ダレス氏が国務長官に就任した一九五三年の夏、朝鮮戦争休戦の交渉が進行中、交渉の大きな争点の一つであった捕虜の取り扱いに関して、韓国の李承晩大統領が横車を押し、突然北朝鮮の捕虜二万七千を、一方的に国内に釈放して内外を驚かせたことがある。李大統領はいわば北朝鮮兵を政治的亡命者扱いにしたわけである。休戦の相手方中共としては、それを理由に交渉を決裂させることも考えられたし、その危険もあったという。

ところが、ダレス国務長官は休戦交渉の重大性を認め、前以てインドのネール首相を通じて、万一中共側で戦争を再開するようなことがあれば、アメリカは満洲の基地に対して原爆による攻撃をかける準備がある旨を通じておいた。そのために、その危険な時期における戦争の再開が避けられたのだと、ダレス氏はその一文で書いている。

つまり、中共側でもしその警告にも拘わらず、休戦交渉を決裂させるようなことがあれば、原爆戦争からさらに大きな範囲に戦場は拡大したかも知れない。ダレス国務長官の警告は、いわばその危険を冒したわけである。

その際、ダレス国務長官は戦争に落ち込むことなく戦争の瀬戸際まで行くことの政治的効果を説いている。そのため瀬戸際外交の呼び名が拡まったのである。それは当時の世論では、危険な政策であると批判された。そしてダレス氏を特に強硬外交の信者であるかのように印象づけたものであろう。

中共軍が問題の金門、馬祖両島に対して激しい砲爆撃を繰り返し、台湾海峡の風雲急を告げた一九五五年一月、ダレス国務長官は議会に要請して、台湾、澎湖《ほうこ》島の防衛のため必要ありと認めた場合に武力を行使し得る大統領の特別権限を求めたことがある。これなども、戦争ぎりぎりの瀬戸際政策というならば、正にその一例であろう。

現実に侵略が開始されてこれに応戦するよりも、事前に対抗の決意と姿勢を示すことによって、侵略者の意図を挫くに若《し》くはない。それは幾多の歴史の教えるところであり、近くは朝鮮戦争の事例なども、アメリカの反撃に対する侵略者の誤算から発したと見ることができよう。幸いに、アメリカの強硬な応戦気構えが功を奏したのであろう。台湾海峡の危機はその後治まった如く見える。

その後一九五八年七月、イラクに軍事革命が勃発して王政を倒した際、ダレス国務長官は、レバノンの緊急要請に応えて、海兵隊の上陸進駐を敢行している。この時はイギリスもヨルダンの要請に応じて派兵を断行し、アメリカと共同歩調に出た。折からモスクワ訪問の帰途にあったエジプトのナセル大統領が、再びソ連に引き返してフルシチョフ首相と再会見するなどの慌しい動きもあって、中東の危機などと世間で騒がれた。結局、革命はイラクだけに止まって中東情勢は平穏に帰した。やがて緊急事態が国連の措置によって緩和されるや、両国は直ちにその兵を撤収している。

この中東派兵なども、力の外交だとか、瀬戸際政策だとか、批判すれば批判できるし、そもそも派兵などということは平和的でないに違いないけれど、事前に措置するということ、先手を打つということ、これがこの種の政策の心髄とも要諦ともいうべきであろう。最近のラオスの危機に当り、ケネディ大統領が東南アジア条約機構の規定に基き、逸早く海兵隊のタイ国進駐を敢行したことも、アイゼンハワー時代のいわゆるダレス外交と少しも変らぬのである。

一九五八年の夏にも金門、馬祖をめぐる中共と国府との軍事的対立から、重ねて台湾海峡の危機が伝えられた。ダレス国務長官は直ちに台北に飛んで蔣介石総統と対談を重ね、結局大陸への武力反攻計画を放棄する国府側の意思表示を含んだ共同声明の発表に成功した。つまり、中共側から仕掛けぬ限り、国府側から台湾海峡の平和を破ることのない保障を取りつけたのである。アメリカの対外政策が、ダレス外交においても、終始防衛的であって少しも攻撃的でなかった証明はここにも見られる。

キューバ事件では超瀬戸際政策

瀬戸際政策が何らダレス外交に独特のものでないことは、一九六二年秋に起こったキューバ事件によって明白に証拠立てられるであろう。キューバ事件の歴史的意義や真相は、我々局外者の軽々しく断定し得るところではあるまいが、少なくとも表面的に見る限り、明らかにソ連を対象とする武力行使の意思表示であり、しかもソ連に対して軍事施設の撤収という屈辱的行動を要求するものであった。

事の起こる前に窃かに意思を通ずる方式から一歩を進めて、一つの既成事実を対象として公然と意思表示をしたのである。世界の耳目がこれを戦争の瀬戸際と受け取って激しい危機感に襲われたのは当然だったであろう。

然るに、事は首尾よく成功した。ソ連の公然の屈服は平和の名において迅速に行われたのである。アメリカの威信は見事に回復され、世界の局面はとみに安定の度を加えた。曽てスターリンによって指摘された〝侵略者への譲歩の危険〟は、歴史の教訓に忠実なアメリカの力の外交によって、巧みに回避されたのである。恐らくダレス氏の霊は、この経過をあの世から眺めて、会心の笑みを洩らしていることであろう。

力の外交、瀬戸際政策が、アメリカの確乎たる国策であり、それが常に功を奏している事例は、ベルリンをめぐる二度の危機において示されている。その第一回は、一九五八年十一月、アイゼンハワー時代、ダレス外交の下であり、第二回は一九六一年六月、ケネディ大統領時代である。二度とも六ヵ月の期限を切って、ベルリンに対するソ連の自由行動を通告する類のものであった。二度ともアメリカは強い意思を示してソ連の自由行動を認めぬ態度を明らかにした。もし力の外交というならば、二度とも力の外交であった。二度ともフルシチョフ首相の六ヵ月の期限が、有耶《うや》無耶《むや》に終ったことはここに記すまでもあるまい。

第一回目のフルシチョフ首相の恫喝声明は、何しろ初めてのことでもあり、イギリスのマクミラン首相などは、いよいよ第三次大戦が起こるかといった衝撃を受けたと後に告白している。北大西洋同盟では直ちに会議を開き、西ベルリンからの西欧部隊追い出しに断乎抵抗すべき旨を満場一致で可決した。そしてダレス国務長官はわざわざ会議に出席して、アメリカの軍事力は自由世界共通の利益のための信託財産であること、この力は防衛目的のものであって、如何なる事態に際してそれが用いられるかを、予め全世界に明示しておく用意があることなどを述べている。

ダレス国務長官は、そのように軍事力の充実とその臨機の行使とによって平和を確保せんとする半面、同盟諸国の武力行使に対しても厳格な批判的態度を堅持している。ダレス氏が武力外交一点張りの人でない所以はこの点によっても知られるのである。その的確なる事例は、一九五六年十一月、同盟国たる英仏両国のエジプト作戦に反対して、終始批判的立場をとったことに見られる。

ダレス氏においては、武力行使による秩序の変更に反対することは、外交家としての信念の問題、基本的原則の問題であって、単に反共のための政策ではない。このことは、その死の数ヵ月前、一九五九年一月、ニューヨーク州弁護士協会の会合での演説でも強調している。

ダレス氏はその演説において、英、仏両国軍並びにイスラエル軍のエジプト攻撃に当って、最も困難な問題に直面したと語り、「敵対国が原則を犯している場合に原則を強調するのは容易であるが、原則違反の問題が友好国によって惹起されている場合になお原則を強調することは苦しいことである」と告白している。ここにダレス氏のいう原則とは、国際紛争解決のために武力を行使することに反対するということである。

法と正義の支配による平和維持

ダレス氏の念願とした最終的世界秩序維持の方策は、法と正義の支配による秩序の確立といったもののように見える。そしてその具体的な方策としては、国際連合の権威の確立に強く期待していたようである。その意味からすれば、いわゆる力の外交、瀬戸際政策などは、眼前に存する侵略的勢力に対する止むを得ぬ対抗策であって、ダレス氏自身必ずしもそれに満足してはいなかったと思わざるを得ない。

ダレス氏はその抱懐する理想を、機会あるごとに披瀝していたが、一九五八年八月の演説によれば、平和維持の方法には、宥和政策、勢力均衡政策及び法と正義の支配と、この三つのものがあり、第三のものこそアメリカの基本政策であると述べている。

第一の宥和政策が前記スターリンによって指摘され、しかも第二次大戦を誘発することによって実証されたように、結局〝ミュンヘンの失敗〟に終るものであることはすでに明らかである。いわゆる力の外交にせよ、瀬戸際政策にせよ、この第一の宥和政策の否定であるところにその意義がある。

然るに、この第二の方式といえども、ダレス氏は必ずしも満足してこれを用いているのではない。法と正義の支配を確保するために用いられてこそ、初めて力の外交に価値があるのだという。そしてアメリカの軍事力の行使はそうした場合に限られるというのである。

右の第二の勢力均衡政策が、勝手気儘な国家的貪欲のために用いられる場合は、強国同士による勢力圏の分割に走るとか、強国間の衝突を使嗾することによって共倒れを策するとか、一時の平和はあり得ても、結局最終的な安定は確保できないとダレス氏はいう。第二次大戦前のドイツとソ連との間に行われた権謀術数を例示してこれを批判し、排斥すべきパワー・ポリティクスとして否定している。

ダレス氏は右に挙げた第三の平和方式、つまり法と正義の支配を説くに当り、国父ワシントン以来の合衆国の理想から発し、国際連合の意義とその権威について語っている。そして第一次大戦の後に生まれながら、第二次大戦の勃発を防止し得なかった戦前の国際連盟と比較して、平和維持方式としての国際連合の重要性を強調している。

ダレス氏は前記弁護士協会の演説においても、平和維持の方策として、国際連合を特に指摘し、「国連憲章の下で初めて力の代わりに法と正義とを確立する努力がなされていることは、現代において最も意義深い新事態である」とまでいっている。そして「戦前の国際連盟が、大国の権威による現状維持すなわち平和の維持とする見方から生まれたものであるに反して、国際連合においては、法と正義という一対の理想が、武力行使の否定と一体のものとして憲章に織り込まれている。そして同時に、変化と成長、すなわち進歩の保障こそ、その背骨をなすものだ」と述べている。

この現状維持を否定し、変化と成長こそ平和の原則であるとするダレス氏の考え方は、ダレス氏が単なる力の信者や、大国の代弁者でない所以を語るものであろう。ダレス氏はそれを「世界の秩序は単に暴力を排除するだけでは保障されない。そこには正義の発現されるような平和的変革の過程がなくてはならない」といっているのである。

もちろん、国際連合がその誕生の当初においてアメリカ、イギリス、ソビエト三国による世界の秩序維持を前提のようなものとしていたことは確かである。現にその運営においても拒否権制度その他に多くの大国支配の跡は残っている。しかし、ダレス氏によれば、大国の権威による場合はとかく現状維持に走るは必然であって、そうした考え方は、無益であるばかりか有害でさえあるとのことである。

なお、ダレス氏は「国際連合はすでに十四年の経験を持ち、過去を振りかえってみて、決定的な成功を収めることはできなかったけれど、同時に、決定的な失敗にも遭わなかった」と、将来に対する大きな望みを託している。ダレス氏がこのように、法と正義の機関としての国際連合に望みを託しながら、一方において力の外交を推進したということは、いわば矛盾のようなものでもあろう。人類進歩の現在の段階は、力の外交の現実と、法と正義の理想との中間に存するともいうべきか。ダレス氏が、その理想とする真の平和をその目で確かめるに至らずして他界したことは、氏にとっても心残りであったろうし、私どもとしても誠に遺憾なことであった。

要するに、ジョン・フォスター・ダレス氏は、信念と達識の外交家であった。識見において勝れていたばかりでなく、その説得力、実行力などにおいても、類い少ない政治家であったと思う。ここに重ねてその長逝を悼みたい。

第二部　論策編

日本の進むべき道

日本の開国はアメリカの黒船によって促されたのであるが、明治、大正を通じて、外交的にはイギリスとの関係が深かった。これは当時、アメリカはなお国内の開発に忙しく、海外進出はようやくその緒についたばかりだったのに比べ、イギリスはすでに世界帝国を擁して着々アジア方面にもその勢力を伸張していたからである。

維新の先輩は、国歩すこぶる困難を極めた際に適切に国政を処理して、よく興国の大業を成し遂げたが、その苦心は如何ばかりであったか、察するに余りあるものがある。今日の世代の人々は概して祖国の歴史に暗く、明治の指導者の業績を十分に評価しない傾きがある。日清戦争、三国干渉、日露戦争と打ち続いた難局の打開に、我々の先輩が示した英知とその払った努力とは、現に国際的にも高く評価されているのである。祖国の歴史に対して正当なる誇りを持たぬ国民は決して大をなさぬであろう。

明治の先輩はわが外交の主軸を日英同盟に求めた。帝政ロシアの東方侵略がこの同盟誕生の主因をなしたのである。当時、伊藤博文、井上馨の両元老は、日露協商によってロシアとの妥協を図ろうと試みたが、結局廟議は日英同盟を採用した。伊藤公は思想的には大久保利通公に近く、剛腹ながらもすこぶる慎重だった。日英が結ぶとロシアを刺激して戦争になる恐れがあると考えたのであろう。他方、桂首相、小村外相などは、日英同盟を背景としてロシアと交渉するのが有利だと考えた。伊藤公にせよ、小村侯にせよ、ロシアが合理的態度を示すことを望んでいたのである。

然るにロシアは一片の誠意も示さず、ついに戦争になった。ロシアは古来膨張政策をとる国である。この点は共産国になっても同じである。否、世界赤化がその目標だから、帝政時代よりもさらに強い領土拡張意欲によって動いている。チェコスロヴァキアのマサリック大統領は「共産ロシアは帝政ロシアと同じである。ツァーの軍服を裏返しに着ているだけの違いだ」といったが、味わうべき至言である。そういうわけだから、日本としては日英同盟の途をたどってよかったと思う。

もっとも同盟について先きに口をかけたのはイギリスの方であった。〝栄光ある孤立〟

を捨て、極東の一島国たる日本と結んだイギリスは、さすがに先見の明があったといえよう。日本の真価を知っていたのである。かくして、日本はイギリスの協力と、さらにアメリカの好意的支援によって日露戦争の危機を切り抜け、国運興隆の道を開いた。その後日英同盟は二十年の長きに亘って維持され、アジア安定の支柱となったのである。

これに関連して一言したいことは、当時の日本国民が全盛期の大英帝国と同盟するに当って、いささかも劣等感を感ぜず、終始堂々の態度を堅持したことである。その頃の日英国力の懸隔は、とうてい現在の日米の相違の比ではなかった。それにも拘わらず、朝野を挙げて日英同盟の成立を快く迎えたのであって、イギリス帝国主義の手先きになるとか、植民地化するとかいう如き妄論を唱えるものは皆無であった。

今日、いわゆる進歩的文化人と称せられる徒輩は、日本がアメリカの植民地になるとか、アジアの孤児になるとかいうが、これらは自ら卑屈になること甚だしいものである。当のアメリカをはじめ、世界の自由な国の間では、そんなことは想像だもされていない。わが国力は政治的にも、経済的にも、英米と協調した時期において躍進した。日本は海洋国家である。従って海洋勢力と手を握るべき立場にあるのである。

然るところ、第一次大戦後、昭和の初期ごろから日本のこの宿命的立場は次第に忘れられ、満洲事変、支那事変を経て、漸次海洋勢力たる英米と反目し、その敵対的勢力たる独伊など大陸国と接近し、ついに枢軸同盟に投ずるに至って敗戦の破局を招来した。これは為政者の短見によるものであるが、同時に国民もまた不明の責めを免れまい。

敗戦に至るまでの過程を省みるに、言論の自由を失ったことが大きな要因になっていることを痛感する。民主主義が流行すれば、これに追随し、全体主義が勢いを得れば、これに同調する。言論人自ら言論の自由を死守することをせぬのみか、朝に源氏、夕に平氏と時流を追って右し左しするのが大勢であった。半面また心の底に思うことは、時流に逆らっても敢然これを表白する毅然たる態度において欠くるところが多かったように思われる。「千万人といえども我往かん」という古い言葉がある。そうした信念と勇気とがあって、はじめて言論の自由は確立され、民主主義は育てられるのである。当時の風潮と戦後の傾向とを比べて、私はいまなお心安からぬ思いを致すのである。

現に枢軸同盟盛んなりし頃といえども、大多数の国民は内心必ずしも英米に対して敵意を抱いてはいなかったように思う。戦時中は別問題であるが、戦後の国民はアメリカ、イギリスなどに対して、むしろ親近感と敬意とを抱いているように見える。要するに、これが明治維新以来長く国民感情の底流をなしているものであって、日本の進路を英米など自由主義国との協調に置くを第一義とすべき理由ともなるのである。

このように明治以来の先輩の深慮に導かれて日本の歩んで来た道は、今日に当てはめていえば、英米を中心とする自由陣営の諸国と行を共にすることになる。この大道は見失ってはならない。その意味を軽視してもならない。半面また先進大国との協調を、追随だの、自主性の喪失だのと思いなす卑屈な心理からも脱却せねばならぬ。日本の進むべき道は正に一つと信ずるのである。

世界の中の日本――中立論を批判する

数次の欧米諸国歴訪で痛感したのは、自由陣営の指導者が自信と勇気を以て冷戦の処理に当っていることである。国際情勢は依然としてすこぶる険悪であって、危機は世界至るところに伏在している。殊に西欧諸国の繁栄と対照的に東欧諸国の窮乏は目に余るものがあり、また日本の復興ぶりと比べて、中共や東南アジア諸国の貧困が顕著に看取される。このような貧富の差異は期せずして戦争の危機を生み、禍乱の原因となる。この点は識者がつとに認めるところである。

ベルリン、ラオスなどは時に小康状態にあるが、背景が深刻であるから、いつまた悪化せぬものでもない。欧米方面では冷戦に対する心構えが平素から十分にできているので、指導者も国民大衆も現実の事態にふさわしい見識を以て冷静に行動している。国際的視野が広いのである。この点わが国と大分違うように思う。私は帰国以来、日本の国民意識が世界の現実からややもすると遊離するのを見て、今さらのように寒心にたえぬものがある。

苛烈なる国際政局と対決する意欲はほとんど見られない。

わが国民は行楽ムード、太平ムードにおぼれているらしいが、これは隣家が燃えているのに安閑と昼寝をしているようなものである。この結果は国民意識が停滞し、国家目的が忘却されることにもなるであろう。

日本の選挙は世界的関心の的

いつも選挙というものは単に議院の勢力分野を改定するだけではない。選挙の争点と与野党のこれに対する態度は、国民の審判と共に、全世界の深い関心の的となっている。すなわち外交的意味が大きいのである。これは一つには前記のように国際情勢が微妙な段階にあるためであり、別しては日本に対する期待——半面からいえば不安——が強いからである。


日本は先年の安保改定騒ぎで、一時世界の信用を失った形であった。これは一つには争点が重要な国際条約であった関係であるが、もう一つ、同盟国元首の訪問を玄関先きで拒否するなどの事態を惹き起こしたため、事情をよく知らぬ外国人に特に異常に受け取られた傾きもあった。その後の選挙の様子を見ても、日本が特に左翼勢力の支配を多く受けている形跡は認められず、国際信用も従ってとみに回復したように思われる。

しかし右に指摘した自由諸国の期待に繋がる不安感は、全く払拭されるには至らず、日本の選挙はいつも特別の関心を以て見守られるようである。

それというのも、日本では共産党そのものよりも、いわゆる社会民主主義政党たる日本社会党が、他の諸国の社会主義政党に類を見ないほど容共性が濃厚であるからである。それと同時に、その社会党を容認し支持する思想が、知識人の間に広く行きわたっているからであろう。社会主義インターナショナルの名で知られる社会党の国際団体の中でも、民主社会党の方が正統派の地位を占め、日本社会党はとかく異端者的立場にあると聞く。これを見ても、日本の社会主義政党の国際的評価がどんなものであるかが知られる。日本の選挙の結果が注目される理由も了解できるのである。

中立は幻想、そして亡国への道

試みに社会党の主張を見ると、憲法擁護、中立実現、核武装反対を唱えつつ安保体制打破、日韓交渉反対、日中復交を叫んでいる。憲法擁護は名目としては結構であるが、実際には中立とは両立しない。わが憲法は自由憲法であり、わが国是は自由に基く平和の確保である。彼らの説く中立は結局自由を滅ぼし平和を危くするものであって、決して憲法を真に擁護する所以ではない。

中立論者は米ソの何れの軍事集団にも属さぬのが平和を守る道であると説く。妄論これに過ぎたるはない。今日の国際平和は東西の勢力均衡によって辛うじて維持されているのが現実である。日本や西独の如き、共産主義国と隣接する国家が、中立することは望み得ないし、また、望むべき筋合いでもない。

極言すれば、西欧においては西独が、極東においては日本が防共の堅塁となっているからこそ、西欧と東洋が共産勢力の侵蝕から保護されているのである。もし日本、西独などが中立に赴けば、自由陣営の共産陣営に対するバランスは破綻し、その結果東洋も西欧もたちまち共産勢力の威圧の下に置かれる恐れがある。

ソ連は西においてはドイツを、東においては日本を掌握しようとして鋭意努力を傾けているのであって、中立はこれを促進する有力な手段として利用されている。現にソ連は一再ならず日独両国に対して中立政策の採用を迫っている。共産陣営に投ぜんと欲するならば知らず、さもない限り我々は中立勧告の如きものに断じて耳を藉すべきではない。

繰り返していえば、中立は幻想である。この幻想に惑わされて去就を不明にするが如きことがあれば、友を失って孤立し、早晩自滅するは必定である。単に友に見捨てられるだけではない。敵からも軽侮されるのが落ちである。すなわち中立は亡国の道以外の何物でもないのである。この点、西独国民の認識には確乎たるものがある。日本国民もよくよく考えるべきであろう。

防衛は集団の力による他なし

国防と治安を欠けば国家の存立は期し難い。しかし終戦直後の状態においては、私は再軍備に反対であった。日本が独力で再軍備を企てれば国民の過大なる負担となる。故に自衛力を漸増しつつ、その間日米協力を以て極東の平和を守る日米安保条約が必要だったのである。当今では米ソ両国のほかには独自に十分なる軍備を保有する国はない。否、強大なる米ソでさえそれぞれ同盟機構をつくって、集団防衛を講じている。つまり、多くの国家は志を同じゅうする盟邦と結んで、集団安全保障の体制に加わっているのである。

英、仏、伊、西独の諸国においては一部少数の左翼破壊主義者を除き、みなＮＡＴＯ（北大西洋条約機構）を全面的に支持している。責任ある政党にしてＮＡＴＯに反対するようなものは皆無である。何れも米国と緊密に協力することが至上命令であると確信しており、むしろ米軍の撤収を恐れている。米軍を欧洲から追放し欧洲を中立化したうえで、これを掌握せんとするのがソ連の底意であることをよく見抜いているからである。

日本もこれらの西欧諸国と立場を等しゅうするのであって、ソ連や中共は日米を離間し、米軍を日本から放逐しようと日夜画策している。モスクワや北京が日本に中立を勧告するのは語るに落ちるものである。すなわち、安保体制からの離脱は、亡国の道を歩むに他ならないのである。

共産党ならば別である。社会党がこのような亡国政策を掲げるのは、無知でなければ、国民を愚弄するものである。西欧の指導者は、冷戦の深刻な現在、軍事的にも経済的にも重要な立場にある日本にこのような公党の存在することに驚いている実情である。しかも先年来の社会党訪中使節団は、何を考えたか、如何なる事情か、「米帝国主義は日中人民共同の敵である」という浅沼声明を以て世を驚かせ、さらに後日これを再確認までしている。不見識もここに至って極まれりと評すべきであって、公党の面目いずこにありやと問いたい。これでも独立国の公党であるといえようか。

非核武装宣言の提唱は非現実的

社会党は好んで米帝国主義を口にする。公平に見てソ連、中共こそ帝国主義の権化であることは、史実の立証するところである。社会党はまた口を開けば、政府の対米追随なるものを非難するが、北京における同党幹部の進退は正に中共に対して臣従の礼をとったに近い。これを伝え聞いた諸外国の識者は一様に失笑を禁じ得なかったのである。外侮を招くことかくの如く甚だしきはない。およそ国交回復はこのような卑屈な態度で行うべきでないことは申すまでもあるまい。

核武装問題についてさらに一言すれば、社会党の如くアメリカの実験を責めるに急にして、ソ連の実験に緩であるのは不可解千万である。実験再開の悪循環を始めたのは、他ならぬソ連ではないか。非核武装宣言なるものも不合理である。スイスのような平和的中立国家でさえ、非核武装を憲法の明文で宣言しようとする改正提案に対しては、政府も国会もこれに反対し、国民投票の結果もまた多数を以てこれを否定している。この事実は味わうべきであろう。

或る時期において、また或る環境において、核武装をせざるを可とすることが、政府責任者の国際感覚として一つの見識を物語る場合はあろう。しかし、それはどこまでも政府責任者の自由な判断に従って決定さるべきである。憲法の明文によるはもとより、国会の決議によるにしても、国土防衛の手段たる武器の範囲を限定するなど、自らの手を縛するような道を選ぶべきではあるまい。

社会党の非核武装宣言の提唱は、極めて非現実的であるのみならず、選挙目当ての場当りとしか思われぬが、国民を迷わせる効果は軽視できない。無責任も甚だしいと評さねばならぬ。

今や西風が東風を制している

社会党の情勢分析によると、社会主義勢力は自由主義勢力を圧倒しつつあるとのことである。これほど甚だしい偏見はあるまい。これは社会党が時代遅れのマルクス主義の亡霊にとりつかれているからである。今日、軍事的にも、経済的にも、自由諸国が共産諸国を圧倒していることは、すでに国際的常識となっている。私がつぶさに諸国を視察したところによるも、この大勢は至って明瞭である。

ＥＥＣの発展には目覚しいものがあり、外交的含蓄もまた極めて大きい。これをコメコン（東欧経済相互援助会議）の不振と対照するだけでも、想い半ばに過ぎるものがあろう。アメリカのケネディ大統領なども、ＥＥＣが成長してアメリカ及び日本と緊密に協力する形となれば、自由諸国群の繁栄は想像を絶するものがあり、後進地域への援助を飛躍的に拡大することによって、共産主義の脅威を除去し得るとの確信を洩らしていた。

今や西風は確実に東風を制しつつある。現にソ連、中共をはじめ共産圏諸国は農業の破綻に悩み、巨大なる軍事費の負担は国民生活を露骨に圧迫し、東欧衛星国一帯に民衆の不満が増大している状態である。そして実はこれこそ最近のソ連低姿勢の原因と見るべきである。

社会党に対する私の期待と幻滅

このように大勢が漸く自由主義国に有利となりつつある際に、中立だの安保解消だのと空疎な声を立てることが、果してわが国益に合致するか否か。国民はこの際胸に手を当てて静思すべきであろう。

要するに、社会党の主張は甚だしく現実から遊離している。あたかも夢遊病者の寝言の如きものであって、このような世迷言にふけるような党に政権を託するなどは思いも及ばぬことである。私は曽て社会党の大いに育成すべきを思い、口にも説いたものである。先年、片山内閣の出現に際して片山首相の連立申し出でを断わったのも、社会党に責任担当の機会を与える趣旨にでたのであって、社会党が議会政党として政権の座につき、立派に業績を挙げることをひそかに期待したものである。

然るに、私の志に対して報いられたところは幻滅であり、その行動は私に対して深い失望を与えただけであった。その失望は今日なお改まらない。社会党は今にして翻然大悟し、党略を捨てて国利に就き、国民の信頼を得る途を歩まないならば、政権は社会党からますます遠ざかるばかりであろう。

選挙には党よりも人を選べとの説を散見する。特に参議院選挙や地方選挙についてこれを説くものが多い。しかし政党政治であるからには、党を離れて考えることは実際的でない。議員は党議に従うものであるから、候補者の素質はもとより重要ではあるが、先ずその属する政党の政綱政策をとくと吟味すべきである。

特に外交的見地からすれば、政党勢力の消長は重大な意味を持つものであることを記憶されたい。この点を考慮したうえ、党利党争に走るものを退け、国利国益に奉ずる国家的人材を推挙すべきであると信ずる。

日中接近論を批判する

北京の共産政権を承認せよとか、国連に加盟させよとかの意見は、以前から絶え間なく行われてきた。特に国会では今まで野党質問の中で何回、何十回となく繰り返されてきた。もちろん、時の経過と情勢の変化につれて、将来北京政権の承認あるいは国連加盟があり得ることは、特に否定する必要はないし、否定できるものでもない。しかし、将来そうした事態が起こるだろうというだけならば、格別意味のある意見ではない。問題は今日の日本の外交的態度として、中国問題に如何に処すべきかにある。そうした見地から判断して、国際政治の実勢が日本の対中国態度を改めるべき時期にきているかどうか甚だ疑問とせねばならぬ。

世論の前提に大きな誤解がある

これについて世間に大きな誤解がある。その主なるものの一つは、問題が単に日本と中国との事柄でないという根本が忘れられているかに見えることである。誰も知るように、何よりも重要なことは、いわゆる「二つの中国」の問題である。台湾に立てこもる中華民国の国民政府と、広く中国大陸を支配する中華人民共和国の共産政権とは、何れも自ら中国の正統政府たる地位を主張して、第三者が両国を国交上対等に取り扱うことに強く反対している。対等に取り扱うかのような態度の片鱗を示すことさえ、外交上の紛議を招くほどである。

世間には台湾を中国大陸の一部とみる常識のようなものを軽く取り上げ、しかも台湾政権の現在の支配地域が狭小な台湾地区に限られている事実から即断して、国民政府を簡単に否定してかかる議論が少なくない。書生論としてなら、それもあるいは可なりであろう。しかし、外交的にいうならば、そんな単純な断定は許されない。

もちろん、中共政府が中国大陸を支配する現実の勢力である事態は否定すべくもない。しかし、一方国民政府は第二次大戦には連合国の一員として参戦し、カイロ宣言では署名国である。のみならず国連にも最初から加盟し、安全保障理事会に英、米、仏、ソなどと並んで常任理事国としての席を保ってきている。そういう歴史的な経過を持っている。そうして国連における国民政府のそうした地位は、今日まで十数年、公然と認められてきているのである。また、国民政府を中国の正統政府として承認している国は五十三ヵ国に上っている。

それだけでなく、台湾という地域は、サンフランシスコ平和条約において日本政府が領土権を放棄しただけで、その正式の帰属はまだ決まっていないとするのが、旧連合国一般の見解である。中共政権は台湾に領土権を主張しているが、既に領土権を放棄し第三国として発言権のない日本が、簡単に帰属を断じ得るものではない。

他日、そのような「二つの中国」をめぐる問題のすべてが解決された暁ならばいざ知らず、先走って問題の渦中に自らを投ずることは、日本として国家国民の安全を確保する所以ではない。責任当局はもとより、広く国民諸君として心得てほしいところである。

歴史の推移だけが解決する問題

中共と国府とのこのような複雑微妙な関係は、単に中国におけるだけでなく「二つのドイツ」「二つの朝鮮」「二つのベトナム」などの帰結とともに、世界的な難問題である。その帰結は世界の歴史の流れの中で解決されてはじめて定まるべきものである。

イギリスは北京政府誕生と同時に逸早くこれを承認した。しかし、そのイギリスでさえ中共の国連加盟を議題とすることには今日まで賛成しておらず、そのために両国間にはまだ正式に大使を交換するに至っていない。これによってみるも、「二つの中国」問題が如何に処理困難な案件であるかが理解されよう。

日本としてその間に処して、単純な書生論のいうが如き行動が、果して許されるものか、どうか。国家国民の安危を担う責任当局として、如何にこれに対処すべきかは多言を要しないほど明らかなはずである。先年、アメリカの政権がケネディ大統領に引き継がれた際、何かしら米国の外交的態度の変換を示すであろうとの希望的観測が、共産圏方面や日本国内の革新勢力方面でしきりに行われ、それにつれて日本の対中共態度再検討の要が喧伝されたものだが、今日ではそのような期待は全く的外れであったことが明らかである。

もちろん、ケネディ大統領も世界の緊張緩和には並々ならぬ苦心を払っているに相違なく、また何かしら新しい工夫もでてくることであろう。しかし、就任以来の教書や声明の中で共産勢力の世界革命の意図を依然警戒すべしと強調し、これに対処すべく防衛武力充実の必要を説くこと、しばしばである。今日、共産圏の間では、平和共存の合言葉によって、戦争の避け得べきことが主張されているかと思うと、一方またいわゆるアメリカ帝国主義を仮想敵国とする戦争不可避論も繰り返されている。そしてベルリン、台湾海峡などの平和に対する脅威は依然として除かれるに至っていない。のみならず、中共政府はチベット、インド国境、金門島などで好んで事を構え、曽ての軍国日本のように絶えず四隣に武力的圧力を加えることを止めようとしない。主張の上でも、行動の上でも世界の不安を刺激し続けている。いつだったか、イギリスのヒューム外相が中共の国連加盟を支持するかのような発言を上院で行ったと、外電で伝えられた。後にその演説の詳報について前後を読んでみると、中共はその行動から判断して国連における平和愛好国としての資格を持っていないと、同外相は明言しているのである。

そのような中共政権の在り方にも拘わらず、徒らに盲目的にその工業化などの表面を礼讃するだけで、正しい判断を行おうとしない日本の大方人士の傾向は驚くべきである。そのような風潮の中で中共との接触を進めることは、日本人として特に厳戒せねばならない。また、そうした軽薄分子の唱える中共承認論などは、大きく割引してきかねばならぬのである。

要するに、共産圏をめぐる世界の複雑困難な事態は日本に何のかかわりもなく、また責任もなく発生し且つ継続している。極言するならば、日本は自ら如何とも手の加えような き環境の中に戦後復帰して今日に至っているのである。

私は国民諸君に切に訴えたい。日本はこの困難な国際環境の中で軽々しく行動することによって、国際政治の均衡を好んで乱すような愚を演じてはならぬ。世界の国々、特にいわゆる冷戦の谷間にある国々の指導者は、何れもその国土の安全と民生の安定とに人知れず苦慮していることと思う。日本の歴代当局もその点は同じであって、今日の為政者も絶えず心を砕いていることと信ずる。

要は急激な変化を求めず、平地に波乱を起こさぬことである。日本は無謀な戦争に敗れ、その結果アメリカの占領管理の下に、その後の復興再建の道を辿ってきた。戦後日本の国際的立場、すなわち自由陣営の一員たる地位は右の事実によって決定づけられたものである。そしてそのためにこそ、今日の経済的繁栄を享受することができたのである。このことを国民として忘れてはならない。そのような日本の国際的地位に対して、急激な変化をもたらすようなことは、平地に波乱を起こすものであり、国家の安危と国民の幸福に重大な影響を及ぼすことと知らねばならぬのである。

台湾の国民政府と講和した事情

中国と日本との関係について参考にもなると考えるので、少しく述べてみたい。それは台湾の中華民国と講和を結ぶに至った経過についてである。

昭和二十六年の秋、サンフランシスコ講和条約の批准案がアメリカ上院にかかっていたころである。日本は一体、中国の何れの政権と国交を結ぶのかとの疑問が、条約承認の前提条件として上院で提起されていると聞かされた。

時あたかも朝鮮戦争の最中で、アメリカ国民の中共に対する感情は極度に悪化していた時期である。アメリカとしては台湾の安全について、中共の武力脅威に対しひたすら意を用いている時期でもあった。もし、アメリカが歴史に例のない寛大な対日講和条約を成立させたあとになって、日本が国民政府を捨てて中共政権を認めるようなことがあったら、どうするか、これが上院の深甚な懸念であった。そのような不都合のない保証が強く要求されているということであった。

日本政府の当時の気持ちとしては、台湾との間の修好関係、経済関係の深まることはもとより望むところであった。しかも同時に、それ以上深入りして北京政権を否認する立場を明らかにすることは、内心避けたかった。ただ、何分にも国民政府は最初からの交戦相手であり、国連に占める地位も重要である。また、終戦当時わが軍民を無事に引き揚げさせてくれた情義もある。かたがた講和の対象としてこれを無視することはできなかった。そこへ、アメリカ上院の右の疑惑である。中国大陸との関係も大切であったが、講和条約の批准が阻まれることは、如何とも堪え難いところであった。そこで早急に態度を表明する必要があり、しかも直ちに講和の対象を決めるとすれば、日本は国民政府を選ばざるを得なかったのである。

イギリスの元首相イーデン氏はその回顧録の中で、サンフランシスコ講和会議へ北京と台湾と、何れの政府を招請すべきかで英米の意見が一致せず、結局日本自身をして他日選ばせることに落ちついたと記述している。この一節においてイーデン元首相は、右の日本の選択をアメリカの圧力の結果だとし、アメリカの背信を非難する意味の述懐をしている。イーデン氏の気持ちとしては一応理解できるが、私たち局に当ったものの立場からすれば、日本をめぐる事態の推移が生んだ止むを得ぬ成行きであったのである。

以上述べてきたように、日本と中国との関係は日本の自由陣営における地位と共に、歴史の流れに沿って自然に形成されたものである。今日の日本の国際信用も、経済繁栄もそうした既成事実の上に築かれている。そこにまた国際政治の均衡もある。しかるに、その均衡を乱す目的を以て絶えず日本の中立化を働きかけているのが、国際共産勢力である。

それに呼応して絶えず日米の離間を図ってきたのが革新勢力である。早急な中共承認論や国連加盟促進論は、そうした中立主義の動きと表裏の関係にある。換言すれば、それは革新勢力の保守政権に対する攻め道具の一つに他ならぬのである。

私は日本国民の多数がこうした判断に欠けているとは思わない。しかし、最近の世間の空気に鑑み、いわば老婆心から以上のことを述べる次第である。

日韓国交正常化の意味

朝鮮半島が日本の国家的安全に重大な関係を有することは、今さら申すまでもない。有史以来、日本に対する外来の脅威は朝鮮半島を経由していると称して過言ではない。日清戦争も、日露戦争も共にその端は朝鮮半島に発している。然るに現状はどうか。

共産勢力はその北半を掌中に収め、三十八度線に達している。もし、その支配が南部釜山にまで及ぶとしたら、日本の安全は深刻に脅威されるであろう。今日の状況は、もし昔ならばわが国の自衛戦争を誘発し兼ねなかったであろう。

それにも拘わらず、わが国民が太平の気分に浸り、閑暇を心置きなく享楽し得ているというのも、韓国軍と国連軍とが共に前線を固めているからに他ならない。心あるものが指摘するように、わが国の安全は、安保条約によって米国の庇護を受け、朝鮮半島の前線は国連軍にその防衛を任せているために保たれている。そのためにさらに軍事負担が軽く、従って驚異的経済発展も可能となったのである。

そうした事情にあるに拘わらず、日韓国交の正常化が十年の長きに亘っていまなお実現されないのは、奇異の感を抱かしめる。もちろん、これには韓国側の態度に少なからず関係がある。李承晩初代大統領の反日政策は、日本国民に不快の念を抱かしめ、そのため韓国に対する国民感情には、今日なお浅からぬ傷痕が残っていると思われる。これを除去するのが、日韓融和の近道であって、そのためには韓国側としても建設的配慮が望ましい。李政府時代のように、日本の韓国統治が朝鮮国民に苦痛だけを与えたというのは事実に反すること甚だしい。むしろ、日本が韓国の経済発展と民生向上とに致した寄与は、公正にこれを評価すべきであろう。

幸いにして革命以来、韓国政府の態度も改まりつつあり、アジアの安定と繁栄のために協力しようとする積極的意欲が看取される。この辺で両国が大局的見地から互譲の精神を発揮して、なるべく速かに交渉を妥結させることが切望される。

妥結の主要な障害は、請求権の金額だとのことである。共産攻勢の脅威に等しく当面するこの際、三百代言もどきに掛値をしたり、値切ったりすることありとすれば、本末転倒も甚だしいものといわねばなるまい。両国政府は大悟一番、良識の命ずるところに従って、大局的に善処すべきである。この際強く要請されるのは一片の素心である。日韓関係が調整されれば、アジアの防共態勢も自ずから補強されるのであり、これによって米国の得る収穫もまた大きい。かくて日米韓の全面的協調が確立されれば、自由国家群と日本との協力はますます実り多いことは明瞭である。

日本は敗戦によって領土が半減した。しかも約二千万の人口増加をみて、狭い国土に人がひしめいているのであるが、国民の営々たる努力の結果、貧弱なる資源を以てして、なおよく今日の隆盛を築いた。これは事物広大なる中共が、甚だしい経済的後進性を脱却し得ないで依然低迷しているのと、好個の対照をなすものである。それというのも、日本は自由主義国であり、中共は全体主義国だからである。

今後も自由諸国がいよいよ発展するならば、共産諸国もついにはその非を悟るに至るであろう。既にして、ソ連の如きは共産主義の看板を掲げながらも、幾多の面において自由体制を模倣しているではないか。

自由諸国としては団結を固めつつ、自由と正義に基く平和の確立を共同使命として邁進すべきであって、忍耐持久してこの方針を貫くならば、終局の勝利を得るべきは火をみるよりも明らかである。この点と関連して、ＥＥＣの動向はすこぶる示唆に富むものがあるが、アジアにおいても自由諸国の共同体を樹立することは当面の重要課題となりつつある。日韓関係の展開はこのような大局的見地から切実に要請されるのである。

多くの自由諸国と同様に、日本の国防は大きくアメリカに依存している。アメリカが健在であればこそ自由諸国はその安全を期し得るのである。いわゆる中立国もまた実は同じである。世界平和は米ソの軍事的均衡によって保たれているのであって、もしアメリカが劣勢となれば平和は脅かされ自由は危い。我々は効果的国際査察を伴う全面軍縮が速かに達成されることを念願とするが、その実現の過程において軍事的均衡を破綻せしめてはなるまい。

日韓交渉には複雑な経緯もあり、事情もある。しかし、自由陣営の総体的力量を増大し、アジアを窺う共産勢力を封殺することは、両国共通の使命である。この使命の自覚に立脚して大局的に処理すべきである。この点はケネディ米大統領の切に希望していたところである。

概して欧洲が安定しつつあるのに比べて、アジアは遅れている。将来の危機はむしろアジアに多く発生しそうな形勢でさえある。その観点から、アメリカ政府方面では、アジアの安定勢力としての日本に多大の期待を寄せるとともに、半面日本の努力が必ずしも十分でないと感ずる向きのあることは否定できない。日本としても反省すべきであろう。日本は自由国家群と運命を共にすべきである。これによってこそ、わが国運は隆々として興ると私は確信する。わが国としては、むしろ堂々と親米一途に徹すべく、これを追随などと自ら卑屈に解すべきではない。それが自由陣営において、はたまた全世界において、わが国の外交的比重を増大する所以である。これに反し、あたかも浮草のように風のまにまに、東するか西するかが判然とせぬようなことであれば、徒らに信を国際的に失うだけであろう。

サンフランシスコ体制に思う

顧みるにサンフランシスコ講和条約が発効してから既に十年以上になる。私は首席全権として池田現首相らと共に講和会議に出席調印し、条約の批准もまた私の内閣で取り進めたので、感慨常に深いものがある。それればかりではない。この講和条約と同時に日米相互安全保障条約を締結し、多くの批判を生んだことも、私としては忘れ難い。平和条約によって占領管理から解放され、さらに安保条約を通じて国土の安全を駐留米軍に託するようになったことを、世間ではサンフランシスコ平和体制といっている。そのサンフランシスコ体制もまた十年揺ぎなく継続し、昭和三十五年の新条約締結において、日米相互の関係は一層緊密の度を増しさえしている。私としてはこの際多くの言うべきことを持つのである。

マッカーサー、ダレス両氏の好意

サンフランシスコ講和条約を思うにつけても、忘れ難いのはマッカーサー元帥と亡きダレス国務長官の示された並々ならぬ好意である。元帥は占領初期から既に早期講和の必要を唱えて、その促進に努めた。ダレス氏は講和条約草案の作成に幾多の苦心を重ね、これを日本に有利にするように関係国を自ら歴訪し、説得誘導に努めたのである。その成果が、かの〝和解と信頼〟の講和条約であって、あれだけの激烈な大戦争の跡始末として、これほど寛大な講和を結んだ前例は世界の歴史に皆無である。わが国民は講和を推進したマッカーサー元帥に対し、また〝和解と信頼〟の条約を作成したダレス氏の霊に対し、いつまでも感謝の念を失うべきではなかろう。

私は数年前、まだダレス国務長官の存命中から、条約十周年に当っては、東京において何らかの式典を執り行い、同時にマッカーサー、ダレス両氏の他、日本の再建に尽力してくれた多くの人たちを招待したいものと切に思い、あれこれと心に描いたものだ。しかし、ダレス氏は早く他界してしまい、その実現の機会を迎えることなく今日に至った。

全面講和論の空疎さと非現実性

このように、サンフランシスコ条約はわが国にとって極めて有利だったのに拘わらず、当時世論の一部には、ソ連、中共を含む全面講和論を固執し、サンフランシスコ条約に反対する向きが少なくなかった。しかし冷戦が激化しつつある情勢において、全面講和を主張するのは、鏡中の花を摘まんとするに等しく、徒らに占領を長引かせ、わが独立を遅らせるにすぎなかった。講和会議においては、ソ連など共産三国を除き、実に四十八に上る多数国家と一挙に国交を回復し、日本は終戦後六年にして晴れて国際社会に復帰したのである。それが日本として賢明であったことは、その後十年の歩みが十分に立証しているのである。

日本は講和条約を出発点として、着実に国際的地歩を固め、現在は自他ともに許す世界の雄邦となり、アジアの安定勢力として重きをなしている。講和会議後幾ばくもなくして、ビルマ、インド、中華民国と修好を回復し、ソ連以下の共産諸国とも逐次国交を回復した。全面講和論者の所説が全く理由なきものであったことは、今日の実情に照していよいよ明白である。これからみても、いわゆる進歩的文化人なるものの好んで弄ぶ観念論が、如何に空疎であるかがわかるのである。

〝和解と信頼〟の条約によって再出発した日本は、英米などの自由諸国と固く提携することによって急速に国力を回復した。講和後四年八ヵ月にして国際連合に加盟すると間もなく、安全保障理事会の非常任理事国に挙げられ、世界の平和と人類の進歩のための努力に参加する機会を得た。国連は日本の加盟を心待ちにしていたのであるが、その実現に多くの年月を要したのは、ソ連の妨害によるものであった。その妨害を排して加盟を鋭意推進したのが英米などの自由諸国であり、またアジアの友邦であった事実を忘れてはなるまい。

講和独立後の日本は、国際連合に加盟し得たばかりでなく、国際通貨基金、世界銀行などの国際金融機構やガットなどの貿易協定にも参加して、経済的にも国際社会の仲間入りをした。戦前外債の処理から特別円など戦時中の債務についても整理計画を樹立し且つこれを実行した。またガリオア・エロアなど占領中の債務についても返済協定を結び、これが実行に手をつけている。サンフランシスコ条約に基く戦時賠償に関しても、求償国との協定締結を完了し、着々とこれを実施していることはいうまでもない。

そのようにサンフランシスコ講和条約を境として国際社会に復帰した日本に対しては、多くの後進諸国から経済援助要請の手が差し出され、最近はフランスから独立したアルジェリアからも要人の来訪が伝えられているほどである。サンフランシスコ体制を非難する声の中に、日本がアジアの孤児になるという文句があった。その後十年余、日本は孤児どころか、むしろ接近を求める国々の数は応接に遑ないほどである。

海洋国家の自然に立ち帰る

明治以来の歴史を顧みれば、日本は自由を伝統とする海洋国家と協調した時代に国運興隆し、全体主義に支配された大陸国家と同調することによって国歩を誤り、敗戦の破局を招来したのである。つまり、日本国民は自由主義をとれば栄え、全体主義に走れば亡びるのである。

明治の指導者は大局を見るの明があった。伊藤、陸奥、小村などのような人材が輩出したのは国家の幸福であった。これら高名の外交先達は、日英同盟を結んでロシアの南侵に備えた。対露戦争が始まると、戦争を推進すると同時に講和のために慎重な準備を進めることも怠らなかった。金子堅太郎伯を米国に派遣して時のルーズヴェルト大統領と連絡せしめ、講和会議の外交的背景を周到に整えたのであって、この点、先般の太平洋戦争の際と全く相違する。外交は見通しを以て将来を慮る用意がなくてはならぬのである。

そうした意味からしても、サンフランシスコ体制を通じて、日本が海洋国家の立場に復帰し、自由国家群と共存の道を前進することのできたことは、わが国本来の姿を回復したものということができる。

日米安全保障条約について

講和条約においては私をはじめ各界代表が署名したが、安保条約に対しては、責任の所在を明らかにする意味で、私だけ署名した。歴史に対しいつまでも責任をとる所存である。

この信念をここに明らかにしておきたい。そして世の批判と非難とに応えたい。

第一に、今日の世界は集団安全保障の時代である。自国本位とか、孤立主義とかの時代はとうの昔に過ぎたのである。アメリカであろうと、ソ連であろうと、今日は独力で国の安全を保てるものではない。国際政治で同じ目標を追求し利害を同じゅうするものが、協力してその各々の国の安全を図り、相談しあって問題を処理していくのだ。日本も独立は回復し、国力も回復した。しかし今日の国防軍備の規模はとうてい日本だけの独力で国の安全を保ち、国防を完備し得るものではない。利害を等しゅうする国が相依り相協力してこそ、国の安全を保ち世界の平和に応分の寄与をなしうるのである。

第二に、日本の国運は自由陣営と進退を共にしてこそ、発展し得るのである。国連憲章の前文に「一生のうち二度まで言語に絶する悲哀を人類に与えた戦争」という文句がある。そういう戦争の体験をへて世界は平和の有難味を知り、戦争を繰り返してはならぬと覚悟するようになったのである。そのため国際連合が生まれ、国際平和の目的を達成するための国家の行動準則も立派に定められている。それが守られないで平和が破れる場合の防止方法までも、定められている。

それにも拘わらず、我々がまだ平和感と安全感を持てないのはどうしたわけであるか。平和の目的についても、行動準則についても、みなが同じ考えで動いていないからである。個人の自由を尊重していくか、目的のためには手段を選ばずでいくか。目的と共に手段も正しくなければならぬという考えでいくか。一切の相違はここからきているのである。

自由の世界では、個人の自由を尊重し、目的と共に手段も正しくなければならぬと考えられている。日本の運命が自由世界と共にあることに、反対するものはあるまい。自由世界が団結して強くなり国際連合が自由世界の考えに立って動くようになったとき、世界は真に平和になる。自由世界と共産世界の中間に立っていこうという中立論は、真の世界平和を念願する限り、日本のとるべき途でない。中立論は、弱者の日和見主義、勇気のない態度である。

昭和二十四年ごろまでは、日本がアメリカの同盟国となろうなどと誰も考えていなかった。それが戦後五大国協調の終焉、自由、共産両陣営の反目、やがて対立抗争という国際情勢の変化に対応して、英米が二十四年の夏頃から共産三国を除外した多数講和の方針を強く推してきた。多数講和というのは自由世界が日本に先ず独立を回復させ、その日本を共産陣営との対立において対等の協力者として仲間に迎えようとするものであった。

この時、日本は国際政治上の進路を選択する岐路に立ったのである。対立が解けて全面講和の可能となるまで待つか。自由陣営の協力者となって世界の自由と平和のため共に寄与するか。サンフランシスコ講和条約の受諾は日本の進路を断乎後者に決定した。サンフランシスコ講和条約は日本の運命を自由世界のそれと共同にさせたものである。

だから、講和条約の締結と同時に自由世界の指導者たる米国と安保条約を結んで国の安全を図り、且つ自由世界の極東における防衛強化に貢献せんと決意するは、極めて当然の成行きといわねばなるまい。

以上が、安保条約を締結するに至った私の信念である。この信念は、今日もなおいささかの変化動揺もきたしていない。

世間の批判と非難に応える

安保条約は、発効してから十有余年になる。そのあいだ一度も発動されたことがない。一度も発動されたことがなくとも、条約があるだけで日本の安全は維持され、日本人は国家再建に専念することができた。むしろ発動されずにすんだところに、この条約の値打ちがある。それにも拘わらず安保条約はかなり批判された。非難もされた。

世には、安保条約に自主性なしと難ずるものがある。二十六年一月末、日米交渉にはいる前、すなわち前年十一月末対日講和七原則の公表ではっきりアメリカの考えをつかむ前に、独立回復後の日本の安全をどうして維持するかにつき、外務省は具体案を用意した。英米の動きに応じて多数講和を受諾する決心をする以上これは当然である。

国際情勢の進展に応じ、日米双方が共同防衛の線に一致しこれを基礎として互いに研究討議して、ついに安保条約を妥結締結するに至ったのである。自主性なしなど独りよがりの議論をするものとは、時代感覚において全く相違する。アフリカ、中近東、東南アジアの諸民族が自主性や民族独立を云々する時代にあると異り、日本はかかる時代を過ぎて相結合し協力する時代にはいっているのである。

世には、安保条約に相互性なしと批評するものがある。アメリカ軍隊のため、土地、施設、役務を提供させられるだけで、アメリカの反対給付については何らの規定もないから、条約は日本にとって片務的だというのである。

そもそも、安全保障条約は債権債務契約とは自ずから異るものである。その主たる目的は共同防衛である。互恵信頼である。権利義務の対立する私法の観念ではない。仮りに片務性とか相互性とかを問題とするとしても、土地や施設や役務だけで日本が守れるものではない。そこに軍隊がはいり、装備が置かれ、一旦緩急ある場合実力発動ができる体制にあって、はじめて日本は防衛されるのである。

安保条約は日本が施設を提供し、アメリカが軍隊を出して、かくて共に日本を防衛しようというものである。相互性は保持されている。アメリカが日本国土の防衛に協力する――この意味の相互性からいうと、安保条約はむしろアメリカにとって相互性がなく片務的だといえるかも知れない。安保条約のこの点が問題となった昨今、相互性を云々することを差し控えようなどという人が現われてきた。かかる了見で条約の自主性など口にするのはおかしい。

安保条約の如き国際政治上利害を同じゅうする国家の間で協力を約束する条約について、

形式的に自主性とか相互性とか平等性とかを云々するのが間違いなのだ。独力で足りないところを、有無相通じ長短相補っていくのがこの種の条約の本義であろう。

今日イギリスは大西洋上のバミューダその他の諸島を九十九年間アメリカに租貸している。また北大西洋条約でアメリカはイギリスをはじめ仏独など西ヨーロッパ諸国に駐兵している。しかも、西ヨーロッパ諸国はアメリカに対して、駐留軍を減少しないでくれと要求しているほどである。反対に西ヨーロッパの軍隊がアメリカに駐在しているとも、アメリカがイギリスに領土の一部を租貸しているとも聞いたことがない。それですら彼らの間に自主性とか相互性とか平等性とかが云々されたことはない。

問題は条約締結の精神にある。安保条約のよって立つ精神は先きに述べたように、今日は集団安全保障の時代であって、英米の率いる自由陣営の協力者として、平和の維持に寄与することにある。ここに深く考えを致すべきである。

世には安保条約に日本防衛の確実性がないと難ずるものがある。条約の文字に拘泥しすぎた三百代言的解釈である。外国軍が日本に侵入して来る場合、駐留のアメリカ軍隊が腕をこまねいて傍観しているだろうと考えるのは、常識良識に反する考え方である。のみならず、条約の趣旨を無視するものである。安保条約のような政治条約は文字のみならず、行文の間の含蓄を読みとるのでなければ、共にこの種の条約を語る資格はない。現にこの安保条約で日本の安全が維持されてきたことは、過去の実績でよく立証されている。

世には安保条約は極東におけるアメリカの軍事行動に日本を巻き込む危険があるといって心配するものがある。条約が在日米軍を「極東における国際の平和と安全」のため自由に使用できるとしているからだという。こういう人たちは安全保障条約が戦争するため、武力を行使するためにあるかのように思い違えている。国連の安全保障にせよ、一般の安全保障条約にせよ、条約の予見するような事態が発生しないようにするのが、条約の目的である。これを忘れてはならぬ。

問題の条項が差し加えられた理由は、日本の防衛のために日本に置かれている米軍が、日本に釘付けになり、他に緊急な事件が起こっても使用できないと解釈される心配に備えたものであった。しかし、アメリカは「極東における国際の平和と安全」のため勝手に軍隊を使用するのでなく、そこに国連の決議とかアメリカの参加している安全保障条約の発動とか、正当な理由のある場合だけである。そして、その場合アメリカは日本にある軍隊を使用することができるが、日本は共同して行動することまで要請されておらぬことに、注意してもらいたい。そしてむしろ、日本国民としては、極東平和のためなら、できることは何でもやるぞとの心意気があってこそ、むしろ国の安全、極東の平和も万全を期し得るのである。

安保条約はどう改定されたか

安保条約は完全であるかというと、決してそうとはいえない。安保条約は、新旧両条約とも明白にいっているように、「国際連合の措置」によって、日本区域の平和と安全が確保されるようになるまでの暫定措置である。暫定的なものだから、より完全な、より恒久的な体制への移行が初めから予想されていたわけである。

このことは、旧安保条約の交渉経過をみるとよくわかると思う。もともと安保条約は日本が発意し日本が提案したものである。日本の提案は簡単にいうと、日本の防衛について日米間に共同防衛の関係を設定し、同時にアメリカ軍隊の日本駐留を容認しようとするものであった。これに対しアメリカは、日本がまだ「継続的な効果的な自助と相互援助」をなし得る国になっていないのだから、日本の希望するような関係を条約で約束するわけにはいかない。早くそういう国になってもらいたいし、それまでの暫定措置として、日本と日本の附近に若干の軍隊を置いて日本の安全を守ってやろう、ということから安保条約ができた次第である。

その後日本の自衛力は改善され、国民の国家防衛の自覚も深まってきた。それに応じて、よりよく実態に沿った、より恒久的な条約をつくる。わかりやすくいうと、〝守ってもらう〟関係から〝共に守る〟関係へ前進する。前に申した有無相通じ、長短相補う日米の関係で、日本の役割を高めることは当然であったわけである。

しからば安保条約の改定は、如何なる方向をとるべきであったか。それは、すでに一応完了した問題である。強いて私の考えを改めていうならば、条約の形式よりも改定に当っての精神を問題にしたい。精神とは、安保条約の締結に当ってその根底をなした信念である。集団安全保障の今日の時代にあって、世界平和の確立のため、自由陣営の盟邦として協力するというわかりやすい精神がこれである。この精神の上に立って、新安保条約に私の喜びとすることが二つある。

第一に、国連憲章は今日国際社会の憲法である。どの国もこの憲法の下に生きている。新条約は日本の提案がそうであったように、憲章に根拠を置いて平和と安全のため日米が協力することをはっきりさせ、どういう場合にも両国が憲章の原則の上に立って行動することを明瞭にしている。条約の平和性、合憲性、そういったものがはっきり出ている。

第二に、もともと日米両国が安保条約を締結するのは、両国が世界政治の上で運命を共にせんとするからである。具体的にいうと、日本の安全がアメリカの安全であり、アメリカの安全が日本の安全であるということである。そしてこの関係の奥には、日本とアメリカが政治、経済、文化のあらゆる分野で深く繋がれているとの事実を意味している。こういうことが背景となって旧条約が締結されたのである。新条約においては、この背景を一歩前へ押しだし、条文の中に軍事面だけでなく、政治、経済、文化の面でも両国の友好提携を確認し合っている。

一言にしていうと、新条約はより強固な基礎の上に、より広い分野で日米の友好関係を発展させるものとなっているのである。

安保条約の締結以来、この条約への批判もしくは非難として、各方面であげられる声を聞いてみると、安保条約には自主性がない、相互性がない、防衛の確実性がない、アメリカの軍事行動に巻き込まれる危険がある、といった調子の消極的な上すべりの議論の域を出ていない。そして実質的に日本の防衛や極東の平和のため、アメリカと力をあわせる段になると、かれこれ細かい言い懸りをつけて、とかく協力に吝かになる。

まことに身勝手な議論である。そんな根性で微妙な国際政局に臨むならば、日米の友好と信頼は強化されるどころか、逆に日本国民頼むに足らずとの気持ちを相手方に抱かせるようになろう。今日の日本人は、十年前の日本人より、もっと、頼もしいと自然に感じさせるような言動をしてほしいものである。

共産主義拡大の脅威、特に東南アジア方面における危険が去りやらぬ今日、朝野の人士に対して深甚なる考慮を望む次第である。

北方領土問題解決の方途

常に新しい北方領土の帰結問題

敗戦によって国土を縮小された日本に、なお領土の問題が残されていることは誰も知るところである。そのうち、南方諸島をめぐるアメリカとの関係においては、サンフランシスコ平和会議のみぎり、英米全権の発言を通じて認められた潜在主権が、先年ケネディ大統領によって公式に再確認された。特に沖縄については、日米共同の開発援助計画が進められるなど、最終解決に向って、遅々としてはいるが、着実に進んでいる。しかし、北方領土をめぐるソ連に関するものは、終戦混乱時の軍事占領がそのまま存続している。ソ連との間では、戦争終結宣言による国交の回復こそ行われたが、戦争の正式な後始末としての講和条約もいまだに締結されるに至っていない。

世にはソ連との講和条約の締結を急ぐべしと簡単に主張し、その重要性に気づかぬかに見える人士が多い。ソ連との間においては、昭和三十年の共同宣言によって、戦争状態の終焉を明らかにし正常の国交を回復しており、領土問題を別にしては、講和条約締結の必要はない。言い換えれば、ソ連との講和条約を現状において急ぐことは、北方領土の割譲を急ぐことを意味する。この点について、世人の注意を十分に喚起したいのである。

講和独立後十年になるが、北方領土の問題は依然として懸案のままである。古い話であるが、同時にまた常に新しい課題でもある。独立十余年のこの機会に、サンフランシスコ会議以来の経緯について記述しておきたい。

講和条約草案の生まれるまで

ダレス氏はサンフランシスコ会議開催までに前後三回日本を訪れた。これらの機会に私はじめ政府当局者から、領土問題その他について日本側の考え方や欲するところを詳しく説明要望したことはもちろんである。

ダレス氏が関係諸国の意向を徴した上で起草した対日講和条約の、いわゆる三月草案には、北方領土についてヤルタ秘密協定の字句をそのまま採り入れ「日本はソ連に対し南樺太およびその附属島嶼を返還し、千島列島を引き渡すべし」と書いてあった。

昭和二十六年四月第三回訪日の際、ダレス氏はこの草案を私に内示してくれたので、私はハボマイ、シコタンはもとより、クナシリ、エトロフなどわが国古来の領土は、条約案にいう千島列島に含まれないことを明記されたいと要請した。ところがダレス氏は、日本側の気持ちはよくわかるが、いまさら条文に加筆訂正するとなると、改めて関係諸国の了解をとり直さねばならない。そうなれば条約調印の時期は非常に遅れることになるから、草案のまま呑んでほしいと述べ、その代わりというわけではないが、講和会議の際、日本代表から何かその点に関する見解を述べたらよいではないかと示唆された。

このようなダレス氏の示唆は、この条約草案の成り立つまでの同氏の苦心と微妙な立場をそのまま反映したものであって、後にも述べるように、サンフランシスコ条約を理解する上には、是非ともこの点が前提とされねばならぬのである。

講和会議における私の特別発言

昭和二十六年九月の講和会議に提出された講和条約の最終案は、三月草案とは異っていた。北方領土については、ヤルタ密約の文字を用いることなく「日本は南樺太およびその附属島嶼並びに千島列島についての一切の権利権限および請求権を放棄する」と規定するのみで、これらの地域が何国に帰属するかは書いてなかった。これはハボマイ、シコタンをはじめとし、日本の放棄すべき領土の範囲について、ソ連を含めた連合国の間で、意見の一致が見られなかったので、問題の解決を将来に残す趣旨からであり、日本の利益にも合致するところであった。

講和会議に臨んでみると、果してソ連代表は、領土条項の表現に強く反対した。日本を侵略者として激しく非難攻撃したうえ、南樺太や千島までが日本の侵略による領有であるかのような口吻で、これらの地域がソ連に帰属することを明示するよう要求した。

私は条約受諾演説において、このソ連代表の演説に言及した。南樺太及び千島が侵略により日本の領有に帰したとする主張は全く事実に反すること、特に日本開国の当時、クナシリ、エトロフ両島が日本領であることについては帝政ロシアも全く異議をさしはさまなかったこと、またハボマイ、シコタンは北海道の一部であり、終戦当時たまたま日本の兵営があったため、ソ連軍に占領されたものであることなどを述べた。これは前にいったダレス氏の示唆もあり、将来の足がかりとして、日本の主張を明らかにしておく意味のものであった。

記録に留めて問題を将来に残す

私が講和会議の席で、条約にいう千島列島にはクナシリ、エトロフなど日本固有の領土は含まれていないと述べるだけでなく、さらに一歩を進めてその点を明白に留保すべきであったとの議論が、後になって行われているように聞く。しかしこれはサンフランシスコ会議の性格を十分に理解していないことから生ずる誤解である。

同会議は最終案文に署名して講和条約を締結するために招集されたもので、交渉するためでないのはもちろん、条文の修正も認められない建前であった。案文に反対の国には、結局署名しない道が残されているだけであった。またこのくらいの思い切った手続によらなければ、利害の錯綜する五十ヵ国に近い連合国を説得して条約に署名させることは、とうてい不可能であったであろう。

ましてや当の相手の敗戦国たる日本が、領土条項の解釈について明白な留保を得ようなどとはできない相談であった。従って、千島列島の範囲が条約上明白にされていない点に鑑み、日本自身の考え方を述べて記録に留めておき、問題を将来に残すことが考えられる最善の方法であったのである。

北方領土のうち、ハボマイ、シコタンが北海道の一部であって、千島に属さないことについては、ダレス氏も既にサンフランシスコ会議の席上特に発言して、アメリカもこの日本の見解に同意であることを明らかにした。しかし、同氏がその際クナシリ、エトロフ両島について何ら言及しなかったところをみると、アメリカ政府としては、これら両島に関する日本の主張を諒としつつも、まだ自らの考えを固めるには至らなかったものかと思う。しかし日本政府としては、当初から一貫して、クナシリ、エトロフは日本固有の領土であり、日本の放棄すべき千島の範囲にははいらないとの立場を堅持したものである。このことは私としても国会などでたびたび述べたところである。

その後の国会論議で、条約調印当時の外務省条約局長であった西村熊雄君が、条約にいわゆる千島には南千島もはいると答弁したではないかというので、速記録まで引き出しての議論があったようだ。これなどもまた日本の置かれた当時の微妙な客観情勢を度外視した議論であるといわねばなるまい。

もしあの時西村局長が、条約にいう千島列島にはクナシリ、エトロフは含まれないと言明したとしたら、果して如何なる結果となったであろうか。そもそもサンフランシスコ条約は、前述のように、いろいろな不満のある国を抑えてようやく署名にまで漕ぎつけた条約である。

現にインドネシアやフィリピンは、賠償条項に不満を唱えており、果して条約を批准するかどうかが危ぶまれていた。その他、パキスタンやセイロンも不満の様子であり、さらに本家本元のアメリカでも、上院方面では特に中華民国の取り扱いをめぐって、種々の議論が行われていた。それで、日本が率先してこれが批准を急ぎ、関係各国の批准を促すことがどうしても必要であったのである。

そのような事態において、日本の責任者が領土条項において連合国の大部分と違う解釈をしていると言明したら、これら不満な諸国に、条約批准を渋る好辞柄を与えたことであろう。条約局長は恐らく当時連合国の多数が採っていると思われる見解を述べたにすぎず、日本としての見解が別に存することは、同君が引き続いて「南千島と北千島とは全く違うものであり、この日本政府の見解は今後も堅持する」と述べていることからも推察されるところである。

鳩山内閣当時、重光外相が対ソ交渉に当って、クナシリ、エトロフは日本固有の領土であり、大西洋憲章およびカイロ宣言で宣明されている領土不拡大の原則からみても、ソ連に譲渡されるべきものでないと主張したのは、正に当然の配慮であり、同外相の勇気と見識とには深く敬意を表する次第である。

なお、サンフランシスコ平和会議当時には考え方が明確でなかったアメリカ政府も、さらに検討の結果、日本の主張の正当性を確認するに至り、昭和三十一年九月のダレス覚書で、クナシリ、エトロフは日本の主権下にあるものと認めらるべきであると述べている。

北方領土問題はいまなお未解決

ソ連はしばしば「日本の北方領土の問題は解決ずみだ」と主張している。根拠は全くなく承知できない。そもそも、日ソ両国間の領土問題を解決した国際文書が、曽て一つでもあったであろうか。何一つもないのである。

カイロ宣言も、ポツダム宣言も、樺太や千島には何ら言及せず、むしろ連合国は領土拡大を求めないことを宣言している。ヤルタ協定は英米ソ三国の間においても、単に共同の戦争遂行について打ち合わせたものであって、それ自体最終的効果を持つものでないことは、前記昭和三十一年九月のダレス覚書に明らかである。またサンフランシスコ条約は、南樺太および千島列島に対する日本の権利放棄を規定しているが、千島列島の範囲について明確な定義がないのみならず、領土権の最終帰属は未決定のままである。またソ連は同条約の当事国ではないから、これに基く権利を主張することはできない。

さらに昭和三十一年の日ソ共同宣言は、将来両国間に講和条約のできた際、ハボマイ、シコタンを日本に返還することは規定しているが、それ以外の領土については何らの規定もない。要するに北方領土、特にクナシリ、エトロフの問題は、国際的には未解決のまま残されているのである。

北方領土の処置について利害関係を持つのは、日ソ両国とアメリカとである。この三国の同意によって定める解釈なり措置なりには、他の連合諸国も強いて反対を唱えることはないと思う。幸いに日米両国の見解は一致している。日本国民としては、残るソ連をして、わが正当な見解に同意させるようさらに一段の努力をせねばならぬ。そのためには、政府のみならず国民が一致して忍耐強くこの理の当然なる主張を続けることが肝要であり、徒らに自分の足許を掘るような言動は、厳にこれを慎しむべきである。与党も野党も相協力して、全国民一丸となってわが固有の領土の返還に努力しようではないか。

海運の再建措置を喜ぶ

先年、クイーン・メリー号でロンドンからニューヨークへ渡る海上、荒天が三日間も続いたことがある。船客の多くは船室に閉じこもって甲板に出るものは少なかった。私は甲板の寝椅子に横になって文字通り狂瀾怒濤の荒海を眺めていた。そこへ船の事務長がやってきて「海の暴風雨を楽しむだけの元気のあるのは、日本人とイギリス人だけですね。ご覧なさい。甲板にアメリカ人船客は一人もおりませんよ」といって、イギリス人と日本人とのために大いに気焔をあげた。

実は私どもの仲間にも船室深く閉じこもって青息吐息のものもいたのだが、それでも甲板を闊歩し得るものは二、三に止まらなかった。事務長のいう通り、真に世界の海国男児というべきものは、日本人とイギリス人とであるかも知れない。

第二次大戦以前の船旅では、海上で出会う優秀船の多くは英船で、その中でボロ船があるなと思うと、多くは日の丸を掲げた日本船だった。そうした際に、ボロ船を堂々と乗り回す日本人の度胸を、お国びいきもあっただろうが、大いに得意に感じたものである。

イギリスの航海業の歴史は古く、イギリス人自身が海に対しては常に強い憧れの気持を抱き、一族の中に海軍軍人や海員がいることを自慢にする人種である。イギリスの船が今もなお海上を横行している由来も、そこにあるかと思う。

わが国では西南戦争の当時、軍需輸送の必要から、初めて海運の重要性が認められ、これが日本海運発達の端緒をなしたものである。逸早く海上輸送ということに着目し、後年の海国日本建設の基を造った人は、大久保利通公と岩崎弥太郎男である。大久保公の経国の才と、岩崎男の経営の力とが、日本の海運を第二次大戦以前までに、保有総トン数約六百万、世界総トン数六千余万の八％、世界で第三位の海運国に作り上げる道を拓いたのである。

然るに大戦による日本の喪失船腹は、九百万トン、死亡船員十八万人で、終戦直後の船隊は、わずかに百三十余万トンに落ちた。しかもその大半は損傷船や老朽船でなければ、戦時急造の低性能船であった。戦前の外航船で残ったのはただの五隻にすぎなかった。

イギリスは船腹の喪失高は千二百万トンにも達したに拘わらず、失われた船腹は、戦災補償によってその補充を図り、今日なお船腹保有量ではアメリカに次ぐ地歩を維持している。

わが国では敗戦の結果、戦災補償は打ち切られ、一時は五千トン以上の新船建造が禁止されるなど、復活の機会は痛く阻まれた。幸いにしてこの建造禁止は解除され、また政府の後援による計画造船や利子補給などの道が拓かれたため、ようやく立ち直りの目途もつくに至った。しかし一面また例の行き過ぎた公平主義、総花主義のために船会社の乱立状態をきたし、ひいて今日の過当競争を招いたものである。

計画造船の効果もあって、戦後の新造船は四百四十万トンに達している。しかし世界の船腹も一億三千余万トンに達し、わが国の保有高は世界で第五位、比率は六％に低下している。一方海運会社は三千億円の借金を背負って、世界に類のない高利に苦しんでいる。とうてい世界の競争場裡に闊歩することはできないのである。

海国日本が戦後徹底した海運政策を持たず、せっかくの利子補給政策も、造船汚職事件などのこともあって不徹底な有様となり、その効果も十分に上がっていない。当局は経済の高度成長を誇り、自然増収四、五千億円と豪語しているに拘わらず、海運国たる地位を確保するために、海運に十分の力を致さなかったのは、誠に遺憾の極みである。

今や、わが海運政策一新の時である。大久保公、岩崎男の両所にして、わが海運の現状を見られたならば、如何ばかり慨嘆されることであろうか。海運についてだけでも、経国の偉材の出ることを望んで止まぬものである。

日本のような島国では、国民の将来は海にある。海はいわゆる天空海闊、進退自由である。我々島国国民はすべからく終始通商貿易に専念し、七つの海を横行したイギリス国民に学び、全世界を目指して発展すべきである。このように思えば、わが国の前途は洋々たる感じがするではないか。

最近聞くところによれば、海運界のガンともいうべき高額の利子負担を、財政措置によって軽減する新しい一歩が踏み出されるに至ったという。海運会社の合併集約を条件に、旧債の利子棚上げが大幅に行われることとなり、企業側の受け入れの準備も、幾つかの集団に分れて、円滑に進められているという。誠に結構なことである。

先年、私の第五次内閣当時、自由党と改進党との提携によって推進された外航船建造利子補給の増額は、前年来の海運市況低迷の結果生じた新造船の資金調達難を救済し、ひいて造船業界の行詰りを打開し、失業造船工の大量発生を防止するという目的のもので、時宜を得た適切な政策であった。後に至って海運関係者から出た政治献金が贈収賄の罪に問われ、いわゆる汚職事件に発展したことは誠に遺憾であった。

事件は幸いに、審理の結果、無罪の確定を見るに至り、関係者の大半は青天白日の身となったけれど、一方事件の政治的影響は長く尾を引いて残った。利子補給の財政措置は名目的な少額に削減され、海運産業の高利負担が救われる機会は、その後久しく到来しなかった。

新年度予算において採り上げられた海運再建の方策は、そうした窮状の打開に適切な条件を供するものであって、曽ていささかの関係と深い関心を持っていた問題だけに、私としても深く喜びとするところである。

共産主義は平和の脅威

国民の心の中に〝二つの日本〟

自由主義諸国の内で共産国と直接隣りする主な国は日本と西ドイツである。中でも西ドイツは、隣りも隣り、一つの国が分割されて東半分が共産化され、しかもその東半分の中に、離れ小島の如く自由ベルリンがある。中さば西ドイツは共産国と隣接する以上に、交錯しているとさえいえるのである。

ドイツ国民が自己の意思からでなく国の半分を共産化されており、その上、双方の往来を遮断されていることは、この国民にとってこの上もない不幸ではある。その代わり自由な西ドイツでは、共産主義政治の悪を直接その肌に感じ得るほどに身に浸みて知らされるため、共産主義に心酔したり共鳴したりする風はない。共産党の勢力も至って弱く、それも先年憲法裁判所の判決によって非合法化されている。西ベルリンでは非合法化されていないが、その勢力は甚だ振わず、先般の市議会選挙（註・昭和三十八年二月十七日）においても一議席もとれなかった。得票率も微々たるもので、前回の一・九パーセントが一・三パーセントに落ちるといった有様である。

日本は幸いにして終戦直後ソ連軍の北海道進駐がマッカーサー元帥に一蹴されたため、二つの日本となるのを免れた。その代わりに、日本国民が二つの国民に分れたともいえる。思想的にも政治的にも、国民の間に大きな間隙があり、事あるごとにその対立抗争が表面化する。そして国際共産勢力がその間隙に割り込んで、攪乱工作を逞しゅうするといった状態にある。

これというのも、日本国民の大多数が理論や想像だけで共産主義、もしくは共産国を理解する傾向が強く、直接身を以て知り肌を通して感じ取るといった機会がないからだと思う。理論の面ではマルクス主義などの教条を信仰的に頭に収め、現実例としては、招待外交などに出かけて得られた皮相の観察報告を鵜呑みにするといった風潮が広く看取される。

概観するに、国の半分を共産化された残り半分の自由国家においては、政府の性格や政策もとかく反共に傾く上に、国民としても共産主義を忌避もしくは憎悪する気持ちが強いようである。従って、これらの国、つまり西ドイツ、韓国、南ベトナムなどにおいては、国民の間に思想的、政治的対立が特別な抗争となって現われる場合は見られないのである。

そのような次第で、日本は国土こそ二つの日本に分割されなかったけれど、国民の中に二つの日本が生まれ、国民の間に三十八度線が引かれているといってよい。しかもその三十八度線は社会党という社会主義政党の一角を通っている。そして党内外の容共分子がこの政党を引き摺り回しているため、日本社会党は世界に類例のない独特の社会主義政党となっている。共産党とは一線を劃すると口先きや筆先きでは言いながら、現実の言動は共産党と選ぶところなき有様である。

そういうわけで、日本以外の国においては、英米など先進自由主義国はもちろんのこと、国民に対して共産主義の正体を特に説明しなくても、国民の方で然るべく選別している。日本においては然らず、知識人も一般国民も、共産主義というものをよく知らない。これに賛成でない人たちといえども、十分な自覚と知識との上に立って批判するというまでに距離があるかに見える。誠に遺憾なことである。

共産主義は新しい型の独裁政治

共産主義に対する世人の無理解というか、誤解というか、場合によっては迷信に近い受取り方のあるについては、いろいろな点が指摘される。まず第一には、共産主義が人間の歴史の最も進んだ段階ででもあるかの如く思いなすことの愚が指摘される。この考え方はそのまま資本主義制度を古い型と考える思想に通じ、現在の制度はいずれ滅亡して共産主義によりとって代わられるものとされるのである。

そのために、共産主義を否定したり、これに疑問を抱いたりすることは、ややもすれば、進歩に対する無理解を意味し、古きものへの徒らなる執着を暴露することになる。それは知識人としてとうてい堪えられることではない。そこに共産主義もしくは社会主義が、一つの流行思想となる背景がある。日本においても、終戦後のある時期にその兆候著しく、今日においてもなおその状態からは脱却していない。

共産主義は歴史の必然などであるよりも、むしろ反対に、新しい型の独裁政治である。それは経済的な原理原則ではなく、人民統治のための独特の組織であって、むしろボルシェヴィズムと本来の名称で呼んだ方が適当である。古い独裁政治が特権君主や武将などの権力政治であったに対し、共産主義と名づけられる独裁政治は、独特の組織によって推し進められ、独特の理論によって粉飾される新しい型のものにすぎない。もし、これを進歩した政治だというならば、進歩した独裁政治とでもいうべきか。

それは独裁政治であるから、古い独裁と同じく、武力並びに武力を背景とした警察、特に秘密警察によって支えられる。近代の独裁政治といえば、共産主義の他に、ヒトラーやムソリーニのいわゆるファシズムの独裁があった。ファシズムもまた一党独裁である点において共産政治と変らなかったし、背景となる政治理論も不十分ながら存在した。全体主義である点においても共通性があったし、何れにおいても、個人の自由は全体の利益のために犠牲にされた。

そうであるから、ボルシェヴィズムにせよ、ファシズムにせよ、独裁主義のそれぞれの型であることには変りはない。どちらも全体主義であり、一党専制の方式である。そうした制度が、人間進歩の最終の段階であるなどというのは、少しく判断力を持つものにとっては、笑うべき思想である。

ただ古い型の独裁制は、馬上天下を取るは易く馬上天下を治むるは難しといわれるように、単に権力政治だけでは政権の永続性は保ち難い。然るに、ボルシェヴィズムにも、ファシズムにも、特権的党員の全国組織による支配、つまり一党専制といわれる独特の組織網がある。これは古い型の専制政治には見られない新しい型であって、それが政権の持続に寄与するところは大きい。ヒトラーやムソリーニの独裁は、戦争に敗れることさえなかったならば、まだまだ続いたであろう。中国大陸の場合は、国民党の一党独裁が共産党のそれに敗退したにすぎない。

思想も、労働も、学問もみな国有

次に共産政治に対する理解の不足ともいうべきものは、いわゆる社会主義と称せられるものとの根本的相違についてである。社会主義とは何か。これについては、一定の解釈はないらしく、学者によっては、その数幾百種類なるを知らず、悉くは数え難いというものもある。簡略に言い表わせば、自由経済に対立する統制経済、計画経済に他ならず、方法としては産業の国有化、国営化であろう。国有国営という点においては、共産主義も一般社会主義と共通性があるといってよい。

もっとも、社会主義における国有国営主義は、近時とみに色褪せた観がある。ドイツ社会民主党も、オーストリア社会民主党も、その伝統の国有主義を公式に放棄している。また欧洲自由主義国で、社会党もしくは労働党を名乗る政党は、いずれも国有主義を採っていない。日本の社会党も無言の裡にこの言葉を用いなくなっている。

イギリス労働党の内部にも国有国営にこだわらぬよう主張する有力な論議があるらしいが、この政党においては、重要産業国有の基本綱領はまだまだ有力に残存している。

そういうわけであるから、産業国有政策は依然として社会主義の特色といえる。前記のように、一般社会主義政党において産業国営主義の色褪せるにつれても、社会主義の極限たる共産主義の特色は、いよいよ明白になるかと思われる。それというのは、一般社会主義においては、国営化の対象はせいぜい重要産業だけであって、それ以上ではないに反して、共産主義においては、産業一般はもとより、労働も、科学も、思想も、芸術も、悉くいささかの例外なく国家統制の対象となり、国家目的に奉仕させられるからである。もし国営化を以て社会主義の心髄だとすれば、たとえばイギリス労働党の社会主義は、共産主義者の好んで指摘する如く、不徹底なる社会主義、あるいは社会主義に非ざる社会主義であるに対し、ソ連のそれは徹底した社会主義ということになる。

何れが真の社会主義であるかは別として、とにかくそこに共産政権継続の秘密がある。国民生活のあらゆる分野において、国民に全く自由がないため、国民の間に批判が起きても、それが反対党として結集する余地がない。行動の秘密が保てないし、結集を賄う費用の出所もない。批判勢力の擡頭を予防するには、共産主義は絶好の政治制度なのである。そして、人民の欠乏と不平とに拘わらず、共産政権が持続し得る秘密がそこにある。半面、また一度共産化されたからには、再び自由の制度に帰り難い理由もそこにあるのである。私が共産主義を新しい型の独裁だというのはその故である。

信を措き難き経済向上の宣伝

最近共産国の発表を見れば、本年は稀に見る豊年であるとか、鉄、石炭、その他の鉱業生産が飛躍的に増産したとかいう。また電力、鉄鋼、機械生産何れも急激なる発展を遂げつつあるとか伝えられる。俄かに信じ難い。

フルシチョフ首相は先般、経済七ヵ年計画を発表し、次の如く豪語している。一九六五年にはソ連の一人当り生産額は欧洲において、他国の何れのそれよりも優位に達すべく、一九七〇年にはソ連の生活水準は、世界最高に達すべしと。これも甚だ眉唾ものである。

衛生設備が進んだとか、鉄道が延びたとか、大鉄橋が完成したとか、あるいはダム、排水、治水などができたとかいう事実はあるであろう。しかし、近年まで文化の最も遅れ、産業設備の見るべきものなしといわれた産業後進国が、急に工業国になり、貧弱なる国民の生活が忽ちにして上昇し、極楽浄土に変じたとは全く信じられないことである。

数年前、欧米一周の途上、ロンドンにおいて中国視察から帰って来た一イギリス政治家に出会った際、中共の政治が著しく進歩改善せられたと聞くが実情如何と尋ねた。同氏は答えていう。

「北京政権以来、六百万人の人民が殺されたといわれる。人殺しをするが如き政治に進歩改善があるはずはない」と笑殺していた。話は簡単である。正に実情を言い尽したものであろう。

数年前、フルシチョフ、ブルガーニンの両氏がロンドンを訪問した際、ソ連政府は直ちに八億から十億ポンドの注文を発すべしと高言した。然るにこれに対しイギリス側は、注文は結構だが、その支払方法は如何と尋ねた。先年、ソ連の貿易尻の決済はクリミヤの小麦とウラルの金によって支払われたことがあったが、近年ソ連は人口増加の結果、小麦は輸出余力なく、産金額も減少したと聞く。支払方法が明確でなければ、直ちに注文は受け入れ難いと答え、話はそのままになったそうである。

共産圏貿易への深入りは危険

次に共産国に対する誤解の重要なる一つは、共産国との通商に期待するの論である。中にはわが貿易の対米依存を改めてソ連、中共などの共産国との貿易に重点を移動せよと主張するものさえある。愚の骨頂とはこの類をいうのであろう。

日米間の貿易関係が大きな比率を占め、特に輸出貿易の対米比率が三割以上に達する点をとらえて、これを対米依存となし、さらに依存度高きを以て危険なりとするのである。我々をしていわしむるならば、自由国の間柄では貿易関係は密接なれば密接なるほど結構である。如何に相手国に多く輸出したればとて、日本の経済が相手国に依存していることにはならぬ。思うにこの論などは自由なる国の間の自由なる貿易と、共産国の統制された政治的貿易との区別さえ弁えぬものである。

自由なる貿易は、互いに個々の国民が自らの計算において価値ありとする商品を買うのである。政府からも誰からも指図されるものではない。また政府も誰もそれを妨げることはできない。依存しているといえば、売買当事者が互いに依存しているのであり、利用しているといえば、個々の当事者が互いに利用しているのである。国の経済全体として、貿易相手国に依存すると考える如きは全くの没理論である。

そのうえ、共産国では何事も政治が優先し、政治が支配している。貿易も国営統制貿易であるから、通常の意味における商取引ではない。

先年、中共政府は日本政府の対中共政策に不満なりと称して、通商交渉を打ち切り、日本政府は軍国主義なり、アメリカの傀儡なりと、種々悪口を加え、且つ既成の取引契約をも破棄した。共産国との取引が政治の駆引に利用せられ、また一旦成立せる商談も政治の取引のため廃棄せられるとせば、通商取引の安全は期待し難い。従って、対共産国貿易に多くの期待も繋ぎ難い。

もっとも、中国大陸六億の民が、共産政治から解放された暁の潜在購買力は巨大なものであろうし、また、中国国民の生活を豊かにすることによって、その自覚を進め、虐政からの脱却を扶けるための貿易ならば、大いに意味あることであろう。しかし、そうでなくて、国民経済的利益を期待したり、共産政権への接近の手段と考えたりすることは的外れである。商業的利益の見地からしても、取引の安全が確保できないとすれば、危険なことであろう。

心を許せぬ共産国政治家の約束

次に共産主義に関する迷妄の一つは、中、ソ両国を相手とする不可侵協定を結ぶことによって、日本が中立化すれば、駐留米軍の撤退を求めることができるとの論である。なるほどこれら二強国がわれを侵すことがなければ、アメリカが侵略することはあり得ないのであるから、駐留軍の防衛は必要なき理屈である。一見妙案の如くである。

これが妙案であるためには、国際共産主義が常に抵抗力なき防備真空地帯を好むのであってはならない。また、共産主義国が条約に忠実であることが保障されねばならない。その何れの条件も否である。

共産革命は、人類進歩の最終段階でも何でもなく、また資本主義の必然の成行きでもないことは歴史が証明している。共産政権が、思想的啓蒙や選挙の投票や労働者の政治的ストライキなどによって実現された事例は全くない。悉く直接間接の武力制圧の下にのみ生まれている。そして近代議会政治の十分な体験を持つに至らぬ政治的後進国にのみ、且つまた資本主義の十分に発達せぬ経済的後進国にのみ発生している。第二次大戦後の共産圏拡大の歴史はこの原則を如実に教えている。

国際共産主義勢力が、この経験と教訓から汲みとらぬはずはない。共産軍の制圧下に非ざれば共産政権なし。この経験に教えられた共産勢力は、常に適当な安全地帯を求めて武力を進める。そのためには目的地帯の抵抗力が弱体であることが何よりも肝要なのである。日本中立化の要請は、日本を共産侵略のための安全地帯たらしめる要請と同断なのである。

一方、共産主義者は約束を重んずるものであるかどうか。これも明白に否である。条約を一時の手段と考え、自己の都合によっては破棄して恥としないのは、共産主義者に限らず、権謀術数を事とするマキャヴェリズムの特色である。共産主義者は、目的のためには手段を選ばぬところにその特色がある。その約束は常に破られている。

日本に対するソ連の条約侵犯としては、太平洋戦争の末期における中立条約破棄をはじめ、戦後においても枚挙に遑がない。最近の最も甚だしい条約違反の事例は、日ソ両国間の戦争状態終結のための条約に関連してみられる。同条約は、共同宣言の名で昭和三十一年秋締結された。その第三条には、「武力による威嚇又は武力の行使は慎しむ」という国連憲章の原則を指針とすべき旨を確認し、さらに、他国の国内事項に干渉しないことを相互に約束している。然るに昭和三十五年の例の安保改定反対騒ぎの間、ソ連は数回に亘る声明、覚書などを通じて、日本が外国に基地を許している以上、日本の全土を第二の広島や長崎にするかも知れぬとの威嚇を続けて止まなかった。そうした威嚇が日本国内の安保改定反対運動に対して、火に注がれた油の如き作用をしたことは、国民の記憶に新たであろう。ソ連が条約に忠実である保障は全くないのである。

共産国の存在こそ平和への脅威

ここ数年来のソ連の対外態度が、ある時は融和的であり、ある時は攻勢に出るなど、その幾変転に応じて世界の緊張はあるいは弛緩し、あるいは激化してきた。

このように不安定にして変転極まりなき態度は、国内政治の行詰りを積極攻勢外交によって糊塗せんとするためでないか、どうか。ソ連は世界戦争再開の力はなくとも、国際間に緊張を誘発することにより自由諸国に衝撃を与え、これによって生ずる動揺間隙に乗ぜんとする企図を抱くものでないか、どうか。

共産主義諸国の錯綜せる政情が常に国際関係を脅かすとせば、共産国の存在は正に世界平和の脅威である。共産政治の実際を知るものは、共産国の国内政治が、何時、世界の平和を破り、戦争の脅威を呼び起こすことになるか懸念せざるを得ない。

かかる国と安易な考えで国交を開くが如きは、国家国民の安危休戚を思わざるものと酷評されても致し方あるまい。また、かかる国柄との妥協により、もしくは中立主義外交によって、共産主義国の攻撃を免れ得ると考えるものの如きは、共産国の実情を知らず、歴史を学ばざる無識無学の輩、妄信の徒である。

わが国は西ドイツと共に、共産国家群の隣接国であり、彼らより遥かに進歩した産業設備を持っている。故に日独両国こそ共産陣営の狙う最初の国である。近年復興の勢い盛んにして、アジア諸国の指導者を以て自ら任じ、しかも自由国家群の一員を標榜しきたれるわが国こそ、共産国攻勢の直接の焦点たるべきは自然である。

共産国家は既にわが国の労働運動、共産党などに目を付け、あるいは資金を供給し、あるいは運動員を派遣し、あるいはわが学者、文芸人、左派政客などを誘致して、共産主義の手先きたらしめんと努めつつある。共産勢力の潜入も、近年目に余るものあり、今後その攻勢はますます加わるものと覚悟せねばならない。わが国はこの攻勢を意識して速かに備えるところがなくてはならぬのである。

政府は旅券発給を一層厳重にし、共産主義者の潜行運動を十分に取締り、共産主義国の内政干渉、政界攪乱に対し断乎排斥弾圧の処置を執るべきである。現に全学連の間には公然と革命実現を揚言し、その急進的なる点においては共産党幹部をさえ手古摺らしているものありという。これに対して政府は今日まで拱手して何らなすところなきは、私の特に憂慮措く能わざるものである。

外交においても同様また甚だ憂慮すべきものがある。共産勢力は政治に経済に自由主義国に対し、先制的攻勢に出て、自由、共産両勢力の国際的抗争ますます激化せんとする今日、西太平洋の海上に一列の島嶼をなし、中国大陸を包囲するわが国は、反共、自由国家群の先陣、前衛たる地形をなしている。共産陣営と対抗し、共産主義の脅威より自由国家群を守る態勢の先頭に立っている。

この態勢を自覚し、台湾、フィリピン、インドネシアなどと共に反共陣営を結集し、欧洲における対共防衛線たるＮＡＴＯに対し、憲法の範囲内において極東におけるＮＡＴＯとでもいうべきものを組織し、東西相呼応して世界の平和を擁護する集団の中核を以て自ら任ずべきではなかろうか。

わが国の内政外交の進路は、すべからく自由主義国家群の一員として反共主義に徹し、内には共産分子を制圧駆逐し、外には共産勢力の攻勢よりアジアを守る国策を堂々世界に宣示すべきである。これこそ信を内外に繋ぐと共に、以て世界の平和に貢献する道であろう。

自衛隊に対する私の期待

再軍備の問題については、私の内閣在職中一度も考えたことがないこと、また先年トルーマン大統領特使として来訪した当時の故ダレス氏から要請を受けた際にも、強く再軍備に反対し、且つその反対を貫いたことなどは、本書の別の個所で記した通りである。当時において日本が再軍備に踏み出すことは、経済的にも、社会的にも、思想的にも不可能なことであるという私の反対理由もまた既に述べておいた。

しかし、それは私の内閣在職時代のことであった。その後の事態に鑑みるにつれて、私は日本防衛の現状に対して、多くの疑問を抱くようになった。当時の私の考え方は、日本の防衛は主として同盟国アメリカの武力に任せ、日本自体はもっぱら戦争で失われた国力を回復し、低下した民生の向上に力を注ぐべしとするにあった。然るに今日では日本をめぐる内外の諸条件は、当時と比べて甚だしく異るものとなっている。経済の点においては、既に他国の援助に期待する域を脱し、進んで後進諸国への協力をなし得る状態に達している。防衛の面においていつまでも他国の力に頼る段階は、もう過ぎようとしているのではないか。私はそう思うようになったのである。

たびたびの外遊、特に最近の欧米旅行において、私は自由世界の国々を視察し、その指導者たちと膝を交えて会談したが、これらの国々が既に戦争の痛手から脱却し、その指導者たちが何れも、自国の責任において世界の平和と繁栄とに貢献せんと努めている姿に心を動かされた。日本もまた自らの力量と責任とにおいて、自由陣営への寄与を志すべきだと感ずるに至ったのである。

日本自身の防衛力に関しては、前記ダレス特使と会談の後、幾ばくもなく朝鮮戦争が起こり、それが契機となって警察予備隊の設置となり、全くの非武装からは脱却するに至った。然るにその警察予備隊が自衛隊となり、或る程度の体制を整えた今日でも、世間のこれに対する態度はとかく消極的であり、政府の取り扱いぶりにも不徹底なものが感ぜられる。立派な独立国、しかも経済的にも、技術的にも、はたまた学問的にも、世界の一流に伍するに至った独立国日本が、自己防衛の面において、いつまでも他国依存の改まらないことは、いわば国家として未熟の状態にあるといってよい。国際外交の面においても、決して尊重される所以ではないのである。

日本の自己防衛については、最初の日米相互安全保障条約では、「防衛力漸増に期待」するという表現が用いられ、改定された新条約では、「継続的且つ効果的な自助により、武力攻撃に抵抗する能力を、維持し発展させる」となっている。憲法の関係においても、一切の武力を否定するかのような解釈は、私どもとしてはこれを採らず、自衛のためには或る程度の実力を備えてもよいとの解釈をとってきたものであり、この解釈は大方の人士によって支持されていると思う。しかし、アメリカ軍の駐留を許す条約をすら憲法違反とする判決も出る始末であって、自衛隊に対する世間の取り扱いは、決して帰一しているとはいえない。

殊に、自衛隊に対する政府その他責任当局の態度に、不徹底にして自信を欠くもののあるやに見えることは特に遺憾である。たとえば、自衛隊に天皇陛下の行幸を仰ぐことを殊更に遠慮申上げたり、来日外国元首の儀仗兵閲兵に当り、陛下の御同行をお願いしないように取計らったり、何故に然るかを理解し難いことが多い。立派に国家の機関に奉仕する同胞であるに拘わらず、自衛隊員だけが天皇陛下の親臨を戴けないということは、公平を欠く意味からだけでも失当である。もしこれが一部の世評に遠慮し、迎合するものであるならば、当局自ら国家機関を軽んずるものといわねばなるまい。

最近、自衛隊が風水害、雪害などの災害救助に出動し、関係地方民からはもちろん、一般国民からもその功と労とを多とされていることは、自衛隊に対する大方の理解と敬意を増大する所以であって、誠に喜ぶべきことである。だが、半面また憶うて隊員の辛苦に及ぶときは、私の心は必ずしも安からぬものがある。それればかりではない。災害出動は自衛隊の任務の一つではあっても、それは決して自衛隊存在理由の本筋ではない。このことが、忘れられ勝ちとなりはせぬかを、私はむしろ恐れるのである。

憲法第九条のいわゆる平和条項、すなわち、国際紛争解決の手段としての武力行使を否定する条項は別として、第二項の戦力否定の条項は、万世不磨の大典としての憲法の一部というよりも、軍国主義国、侵略国としての日本多年の汚名を雪ぎ、一日も早く国際社会に復帰したいという政治的狙いが本意であったのが、私の関する限り真実である。これは既に私のたびたび記すところである。だから、もし条文を厳格窮屈に解釈して、自衛隊をすら否定するに至るならば、必ずや世界の現実と乖離し、政治的不安定の因となるであろう。この道理は多くをいわずして明らかなはずである。

世界の国々が何れも武備を撤し、平和裡に交際する時代が到来することは、誠に願わしい限りであろう。だが、遺憾ながら現実は決してそうではない。憲法の前文に謳われているような「平和を愛する諸国民の公正と信義に信頼」することを許される環境にはない。古い形の武力膨張主義の侵略国家は、先進諸国に関する限りその姿を消したとみてよいが、新しい形の侵略、すなわち進歩を標榜し、解放を叫び、平和を唱えつつ、他国の領土を支配し、人類の自由を抹殺せんとする侵略勢力が、その意図を放棄したとみる根拠は全くない。局地的な武力侵害は、日本の周辺にすらその危険を存している。

今日、一流先進国として列国に伍し且つ尊重されるためには、自国の経済力を以て後進諸国民の生活水準の向上に寄与する半面、危険なる侵略勢力の加害から、人類の自由を守る努力に貢献するのでなければならぬ。そうした意味においては、今日までの日本の如く、国際連合の一員としてその恵沢を期待しながら、国際連合の平和維持の機構に対しては、手を藉そうとしないなどは、身勝手の沙汰、いわゆる虫のよい行き方とせねばなるまい。決して国際社会に重きをなす所以ではないのである。

上述のような憲法の建前、国策の在り方に関しては、私自身自らの責任を決して回避するものではない。憲法審議の責任者でもあり、その後の国政運営の当事者でもあった私としては、責任を回避するよりは、むしろ責任を痛感するものである。それだけにまた日本内外の環境条件の変化に応じて、国策の方向を改める必要をも痛感する。日本は政府当路も、国民も、国土防衛というこの至上の問題について、すべからく古い考え方を清算し、新しい観点に立って再思三考すべきであろうと思う。

最後にいささか附言すれば、たとえば核実験に反対するにしても、如何なる国の、如何なる時期の、如何なる類の核実験に対しても反対だという如き、絶対否定の従来の態度を、いつまでも継続して果してよいかどうか。これも反省すべき重大な問題ではないかと思う。アメリカの実験には反対であるが、ソ連の実験はこれを容認するというが如き共産党の偏頗はもちろん論外である。しかし、一切の実験に対して、そのつど抗議を続けるなどは、単に効果がないのみならず、場合によっては自由陣営の団結に間隙を作る反作用に終る恐れがあろう。少なくとも、日本が友邦から尊敬されることには決してならないのである。

また最近の原子力潜水艦寄港の問題にしても、対象はいわゆる原子力平和利用の一つの場合にすぎない。それが軍艦であるの故を以て、執拗に疑問を繰り返すなどが、アメリカの同盟国たる日本の態度として、果して妥当なりや否や。多くをいわずして明らかであろう。

この問題に関して特に奇怪に思うことは、多数の学者が共同声明を発し、中でも「アメリカの極東戦略の新段階に協力することだ」という理由で反対していることである。原子力が推進動力に用いられている故に危険なりとすること自体すでに幼稚である上に、アメリカの極東戦略云々に至っては、明白に反米行為を政府に求めるものである。ソ連の極東戦略についてはどうなのか。少なくともソ連に対しては何事も物申す機会を持たぬ学者たちが、アメリカの戦略に対してのみ異議をさしはさむのである。それが何を意味するか、これまた多くをいう必要もなく明らかであろう。

今日は東西陣営の微妙な対立、均衡の時代である。そして、その均衡の上に、いや、むしろ自由陣営の優位の上に、世界平和の保たれている時代である。日本はその間に処して、東西の均衡、あるいは自由陣営の優位に対し、応分の貢献をしてこそ陣営の一員としての義務に忠実なる道理であろう。然るに、同盟国の真剣な防衛努力に、水を差すに類する行為が責任当局によって行われている。一部世論に媚びるもの、自信を失いたるものといわねばなるまい。

東西の対立が武力対立となり、その均衡の上に平和が保たれている事態は、決して喜ばしいことでも、望ましいことでもない。しかし、それは世界の一つの現実である。その現実に直面する日本は、一方においては同盟友邦の努力を尊重し、他方においては自衛力の増強に努め、依って以て平和の確保、自由の防衛に協力せねばならぬ。その意味において私は自衛隊に対して大きな期待を抱くものである。

移民と観光に思う

一九三四年のことである。ちょうど満洲事変が起こって三、四年目の頃で、わが国では軍人跋扈の風漸く甚だしからんとする時代であった。私は在外公館査察の移動大使としてアメリカ南部を視察中、ロサンゼルスでたまたま在米邦人団から請われるままに演説をした。日本移民の忠君愛国も結構であるが、同時にその居住する国、つまりアメリカの利益を何よりも忽《ゆる》がせにしてはならないという意味のことを語った。ところがそれが当時本国の軍部に聞こえて問題になった。そんなことがあった。

然るに戦後三回目の外遊の際、ブラジルを訪ねて、五十万以上の日本人が立派に成功し、同国の経済発展に非常な貢献をしているのを知り、驚きと同時に喜びを感じた。そして三十年前の右の演説のことを想い出したものである。

私はそれまでも何回かの外遊に当り、南米だけは訪ねる機会がなかった。昭和三十六年、当時のアルゼンチン大統領フロンデシ氏が公式に訪日したとき、大磯の私の家へも訪ねてくれて、一度自分の国へも来てくれという。私も是非訪ねたいと返事をしておいたら、そのうち正式に招待がきた。

そこで翌年の外遊の際、こんどこそは是非アルゼンチン訪問を果そうと思っていた。ところが、こんどは先方で革命が起こり、フロンデシ大統領は監禁されてしまった。肝心の招待先きの御主人が居なくなったわけである。それで、せっかく南米へ行ったのに、ブラジルだけを訪ねることにして、アルゼンチンへは行けなくなった。しかし、それでもそれがブラジルへ初めて行く機会となったわけである。

ブラジルでは日本人会長で東山農場の場長をしている山本喜誉司農学博士と、それから土佐出身の二世で田村幸重という唯一の日系下院議員などが相談して、政府から私に招待状を出すようにしてくれたのだと聞かされた。さらに聞くところによれば、田村氏は私のことを土佐の大先輩だから是非呼びたいといっていたのだそうだ。それに「向うには土佐出身の移民が多勢いるのだから、選挙区みたいなものだ。是非行って敬意を表しなさい」と、南米訪問の膳立てをしてくれた人たちが私を煽動するので、喜んで出かけることにした。

ニューヨークからパン・アメリカン機でリオデジャネイロに着いた。航空会社は二世の社員をわざわざサンパウロから迎えに寄越してくれ、飛行機も上等で待遇はなかなかよかった。

ブラジルではリオデジャネイロから、日本移民の多勢いるサンパウロに回り、ブラジリアという新しく建設中の首都も見た。何よりも日本移民発展成功の姿に接し得たことが感銘に残った。サンパウロ郊外の東山農場では一泊させてもらって見学したり、また世界一流といわれるコチア産業組合では、その広大な規模を参観して、日本人の努力の成果を驚きを以て眺めた。

ブラジルは従来、コーヒーの栽培を主としていた。その上に胡椒の栽培を導入したのは全く日本移民の力であって、今日では胡椒はコーヒーと並んでブラジルの主要な輸出産物となっている。その他、日本移民の農場は、種々の農作物を試作して、ブラジルの農業に貢献しているそうである。今日、ブラジル政府から日本移民が感謝され、歓迎される理由が理解できるというものである。

三十年前、私がロサンゼルスで行った演説は軍部との間に物議をかもしたが、その時の私の主張は、ブラジルで立派な立証を得たような思いをし、感慨に堪えなかった。

先年、内閣在職中に外遊した際、イタリアの経済復興が移民の成功と観光収入とに負うところが多いと聞いて、こうした問題に特に注意をするようになった。

その時の旅行でニューヨークに寄った機会に、いわゆる移民借款千五百万ドルの話をつけ、この借款が基礎になって、海外移住振興株式会社ができた経過は、旧著『回想十年』に既に記した通りである。

ところが後日、鳩山内閣の時代にこれを一年三百万ドルの借款に変じ、わずか二回六百万ドルを借りただけで打ち切ってしまったと聞く。誠に遺憾のことである。イタリアの例を見ても、移民などは過剰人口をただ海外へ送り出すというのではなく、移民地を選択調査し、移民が移住先きに定着できるように用意万端あらかじめ準備してやる行き届いた施策が必要である。それには十分な資本が必要であって、移民借款はそのように移民を棄民にしないための必要資金たる役割を荷っていたものである。

幸い今次国会には、移住振興法案が提出され、七月からは海外移住振興事業団も発足する運びとなった。ただ私がいささか心配しているのは、前述したように従来のわが移民政策が当を得ないことが多かったため、わが国民の間で移住希望者の数が最近減少の傾向になってきたということである。

もっともこれからは、移民の質、内容において従来のように、国内で食えなくなったから海外へ行って何んとか働き場所を探すというような人々ばかりを送るというのではなく、腕に何かの技術を持ち、智的にも相当進んだ有能な士を海外に送り出すというようにしなければなるまい。

ケネディ大統領の「平和部隊」をみても、これは必ずしも移民政策とはいえないが、アメリカ国内の開拓者精神を発揚して、若い優秀な青年たちのエネルギーを以て、大いに海外の後進国開発に貢献させせようという計画だとすれば、わが国の移民政策の中にも、こうした趣旨は取り入れてよいと思う。

今日の日本人の智力、才能からみて、こうした意味の移民として、必ずや他国に負けをとらぬ優秀な成績を挙げることは、私の今までの見聞、経験によっても太鼓判を捺し得ると思う。また、政府の指導と援助よろしきを得れば、新しい意味での海外雄飛の志を抱いている人士は今後とも輩出すると確信する。

次に観光にしても、わが国は風光明媚で観光に適していることは世界に定評がある。しかし観光地といわれるところの多くが、紙屑の山である場合が多い。たまたま屑籠があってもその周辺に紙屑が氾濫している有様である。

曽て、二十年前のローマが同じ状態であった。最近行って見ると、市街に紙屑などは全く見られない。掃除もよく行き届いていて、そのうえ立派な道路が縦横に造られている。先きごろ、ヨーロッパを回った池田総理夫妻の笑いながらの話に、たまたまローマを見物に行ったら、街に紙屑が溢れていて、聞くと見るとは大違いだと思ったところ、よく聞けば、その日は掃除人のストの日だったということであった。

わが国では風光の最もよいところに、無遠慮に種々の広告板が乱立していて、せっかくの自然の美を傷つけている。よろしく政府は、地方官庁とも協力して、観光地整備に一段の注意と努力とを払うべきである。そうでなければ、観光客を招いても自国の醜さをわざわざ紹介するようなもので、逆効果というべきであろう。

移民と観光の両政策を遂行するには、官民一致してその目的の達成を期してもらいたいものである。

私の〝人造り〟――皇学館大学のこと

確か昭和三十二、三年の頃だったと思う。元厚生大臣で愛知県地方区選出参議院議員の草葉隆円君が、熱田神宮宮司の長谷外余男という人を連れて訪ねてきて、元の神宮皇学館大学を復活させたいということで相談を受けた。

長谷宮司は神宮皇学館大学の同窓会長といった立場にある人だそうで、その時の話によると、この学校は明治十五年に宇治山田市、現在の伊勢市に創立され、大神宮の援助の下に神官をはじめ修身、国語、漢文、歴史などの教員を養成する学校だった。後に専門学校となり、さらにまた昭和十五年には大学令による国立大学となって戦後に至った。

ところが、終戦の年の十二月、占領軍指令で、神道を国家から分離する趣旨から、国家機関で神道を講ずることは相ならぬということになり、廃校となった。然るに独立後のわが国では物質的復興は目覚しいに拘わらず、精神面では敗戦以来の思想の混乱が続いており、歴史を忘れ、伝統を軽んずる風潮の著しいのに鑑み、道義を確立し、祖国愛の精神を培養する一端として、神宮皇学館大学を是非とも復活させたいということであった。

私はもちろんその趣旨には大賛成であった。誠に結構なことであると思ったが、何分にも復活には資金が必要である。私は金を集めることは不得手なので、池田勇人君に相談したところ、池田君も至極大賛成で、金のことは自分が心配するから、相談相手になってあげなさいとのことである。そこで皇学館後援会といった団体ができて、私がその会長、池田君は副会長になり、財界からも石坂泰三、足立正、小林中、杉道助、太田垣士郎などの諸君が参加してくれるということで、その後援会が発足した。そして昭和三十七年、大学の復活と共に、私が総長になったのである。

占領軍に潰された神宮皇学館

占領中の神道に対する米軍の措置には、誠に厳しいものがあり、その神道の中心という意味で、伊勢神宮並びに神宮に繋がる皇学館大学に対する扱いが酷であった。そうした進駐軍の厳しい措置は、皇学館大学を廃校にしただけでは承知しなかった。三重県軍政部は、皇学館大学の同窓会をさえ極端な軍国主義者の集まりだといって迫害したと聞く。

そもそも占領軍、特にその民政部は、本国ワシントンから授けられた占領改革方針を、文字通り忠実に推進実行することを使命としていたように見えるが、そうした劃一的な、融通の利かぬ紋切型の遣り口は、地方軍政部において特に甚だしかったようである。皇学館の同窓会である館友会は、五十鈴会と名を改めて世を忍び、その本部も宇治山田市から離れて名古屋に移るなど、関係者は誠に言い知れぬ苦労をしたとのことである。

神道に対する占領軍の誤解

後援会の創立総会は、昭和三十四年の夏に帝国ホテルで開かれた。私はその席上で、次のような趣旨の挨拶を述べた。

そもそも進駐軍の日本管理方針の根本にはいろいろの誤解や先入観があったが、日本を極端な国家主義、軍国主義の国と見たのはともかくとして、何故か、その根源がいわゆる神道にあると思い込んでいたなどは、その著しい例である。先きに述べた神道指令によって神宮皇学館大学が廃校を命ぜられたのもその故であるが、憲法に明記された政教分離の規定なども、一般宗教というより、特に神道を目指しており、大神宮以外いろいろの神社に対する国費の保護を断ち切るのが目的であったと思われる。

往年、蒙古軍の襲来を壊滅させた台風を〝伊勢の神風〟と称したことは、太平洋戦争中のアメリカ軍にはよく知られておったであろうし、また陛下が戦勝の祈願を伊勢神宮にされるといったこともたびたびあった。また出征兵士が村の鎮守のお社に参拝して、武運長久をお祈りするというのも、広く行われた風習であった。そのような関係からいって、戦争と神社との間に強いて関係をつけるならば、全然繋がりがないとはいえまい。しかし、神道が軍国主義の根源であるとか、神社が国家主義の象徴であるとかの考え方は、全くの思い過ごしであるといわねばならぬ。私にはその理由が承服できないのである。

寂しかった戦後の神社参拝者

進駐軍のそうした取り扱いの影響であろうか、終戦後大神宮への参拝者は至って少ない旨を耳にし、遺憾に思っていた。終戦後幾年もへない頃、関西方面に出向く用務を機として、進んで参拝を申し出で、戦後初めて総理大臣としての公式参拝をした。その翌年、天皇陛下のお供をして岐阜に行った帰途、熱田神宮に参拝しようとしたら、当時の松平宮内大臣が「進駐軍に叱られはしないか」という。神社にお参りして叱られるはずはない、断じて行くと私は主張し参拝した。当時参詣人は実に寂しい状態であった。

神社といえば、終戦直後のことであるが、「靖国神社の傍を通ったら、神社の中に灯火が一つもなくて暗かった。残念なことである。御神灯に火を入れたい」という篤志家があり、私も共鳴してお世話したことがある。神社の責任者に連絡して、御神灯をつけるための工事費を調べてもらうと、百五十万円ほどかかるという。当時の百五十万円は決して少ない金額ではなかったが、有志の寄進によりその金を調達して神社に取り次いだことがある。

今日では伊勢神宮はもとより、熱田神宮、靖国神社にしても、参詣者は非常な多数となり、年々の例祭も賑わうようになった。国情の安定するに従い、国民の神社に対する敬意というか、理解というか、とにかく親しみの復活してきた兆候として、私は喜びに堪えない。

神道は日本国民の宗教である

どんな国でも歴史の古い国は、その初めは祭政一致で、政治と宗教とは相伴って国の中心となったものである。日本の古代もまたその通りである。イギリスの王室が今日でも、イギリス正教会の規律に従っていることは周知の事実だし、ドイツでも、イタリアでも、キリスト教を名乗る政党が政権の中心にある。昔のままの在り方とはもとより違うけれど、宗教が政治と何らかの関連を持ち、国民精神の背骨として宗教的信仰が一本貫通していることを、誰も不都合とは思わない。

日本の場合には、祭政の中心は皇室であり、それは古代から近代に至るまで一貫して変らない。皇室を中心とする祭事と政事とは一体不可分であり、いわば皇室すなわち国家、国家の歴史は皇室の歴史ということが、他の国の専制君主の場合とは全く別の意味での日本の現実であった。神道は皇室の宗教であることはもとよりであったが、一般国民にとっても、広い意味での神道、すなわち伊勢神宮以下諸々の神社を尊崇する国民共通の気持があるという意味において、国民の宗教でもあったわけである。仏教における真言だの、浄土だのと宗旨というものは家によって異るけれど、神棚は如何なる家庭にもあって、祖先を祭るというのが、最近はともかく、従来の一般の習慣であった。しかもそれは軍国主義だの、国家主義だのと少しも関係はなかったのである。

募金運動で各地を回る

さて後援会の会長は引き受けたが、肝心の金集めを引き受けてくれた池田君の方が、その後公務のため忙しくなり、募金運動の方に手が回らず、お蔭で私が引っぱり出されることになった。各地の後援会支部結成にはできるだけ出席して微力を致した。大阪、京都などに赴いて、神宮皇学館大学復活の趣旨について私の考えを説いて歩いたものである。

その当時述べたこと、また今日でも言いたいことは、先きにも述べたように、神道と軍国主義と関係があるかのように決めてかかった占領軍の考え方は、全くの誤解であったこと、皇学館大学復活の趣旨は、単に神道の復活という狭い狙いにあるのではなく、広い大きな立場から、国民精神の中心として国の歴史や伝統に対する理解を深めたいというにあること、最近のわが国情においては、物質的な復興には見るべきものがあるが精神面のそれが伴わず、殊に共産主義が深く侵入してきているに対し、これに対抗する力ある組織の根底として神道の精神が大切であることなどであった。

私自身は曽ては自由主義者とやらで、いわゆる超国家主義者から憎まれ、戦争反対の運動をしたといって軍部から迫害を受けたことこそあれ、軍国主義などというものとは全く縁がない。伊勢神宮をはじめ神社に対する尊崇の念においては人後に落ちぬつもりだが、神懸りなどということとは関係がない。私が皇学館大学の復活に協力し、喜んで総長を引き受けたのは、祖国や祖先に対する敬愛の念に基くに他ならないのである。

もとの神宮皇学館大学は廃校の際に、校舎や敷地を地元の中学校に譲り、新たに建てるといっても、拠るところがない。幸いに伊勢神宮の敷地を一万坪ほど譲り受け、昭和三十七年四月から開校した。新しい学校は神宮の二字を除いて皇学館大学という。内宮と外宮との中間にある景勝の地である。

清泉女子学園のこと

私は昭和五年から七年にかけて、イタリアのローマに大使として在任した。当時、後に亡くなった妻の雪子が交際したイタリアの人々の中に、信仰の関係から特に親しくしていたカトリックの修道尼が何人かあった。

現在でも、もちろんそうらしいが、そのころカトリックの教団は、世界の各地で学校を経営、布教を兼ねて宗教教育や情操教育を行っていた。このため、日本にも一つ学校を建ててはどうかといった話が出たらしい。そうしたことが機縁になって、私が待命で帰国していた昭和八、九年ごろ、聖心侍女修道会の尼さんら数人が私の妻を頼って、ローマから来朝した。ちょうど非役の時期だったので家族も一緒に東京にいた。妻はこの人たちを扶けて学校造りの世話を焼き、今日でいう花嫁学校のようなものが、麻布の三河台に生まれた。妻の考えでは、外交官夫人向きの女学校というか、外国語を十分に教え込むと同時に、日本固有の文化についても教養を高め、国際的にも恥ずかしくない女性を送り出そうという目的だった。麻生家へ嫁いだ次女の和子も暫くこの学校に通っていた。

この学校は戦災を受けて焼失したが、戦後、米海軍の好意などで横須賀で復活し、次第に発展して花嫁学校どころか、立派な大学部もでき、幼稚園から大学まで各段階の部門が揃うようになった。現在の清泉女子学園である。私は妻の因縁から、この学校に特別な関心と愛着があり、卒業式には毎年招かれて、何か一言話をするのを楽しみにしている。

こうしたいきさつから、先方も何かと相談相手にしてくれるので、蔭ながら多少の世話を焼く関係が続いていた。一両年前、横須賀の女子大学を東京に移したいというので、土地の購入について相談を受けた。学校の方で希望している候補地の一つに、五反田の島津山、旧島津公爵邸の跡があった。

この邸には、日露戦争の後だったか、何かのお祝いごとがあって、内外の貴顕紳士や勲章をつけた軍人たちの集まりがあり、私も出席してその華やかな光景をまだ記憶しているほどで、島津邸のことはよく知っていた。学校の方では、買うお金は十分にはないが、土地はほしい、どう致しましょうということであった。

目当ての旧島津邸は当時、日本銀行の手に渡って同行の寮になっていた。金がなくては如何にカトリックの学校でも無理な話である。そこで代々木に同校の土地が若干あるとのことだったので、その土地を手放して代金に当てたらどうかと思い、私はこの話を山際日銀総裁に伝えると同時に、その間の世話を三菱の長老加藤武男氏にお願いした。

加藤氏は快く引き受けてくれた。引き受けてくれたのはよいが、だいぶん難航した模様で、代々木のその土地をかなり良い条件で三菱地所会社に引き取ってもらい、その代金を内入れして土地を手に入れるまでには、加藤氏にはもちろん、三菱地所その他の関係者にはずいぶん厄介をかけたらしい。その間、何しろ学校側の交渉相手が相手だものだから、世故に疎い尼さんでは話が判然しないことも多かったとみえる。そこで加藤氏から、尼さんでなくて誰か男の人を寄越せといってきた。冗談ではない、尼さんの学校に男を出せといったって無理ですよと、笑ったような次第であった。

しかし、とにかく土地の問題は首尾よく片づいたらしく、島津邸時代の本館を利用して授業を行い、さらに新館も近く完成するとのことである。土地などは買ってしまえば後の支払いは何んとかなるものだというのが私の信条で、学校の人たちにも、その通りに勧めて買収に踏み切るようにお世話したものだ。学校は南を受けた高台にあって、景勝の地である。島津の殿様が移し植えた無数の霧島つつじが美しく花を開くと聞く。学長はイタリア以来妻の懇意にしていたエルネスティナ・ラマリオさんという人で、私もずっとお近づきを得ている。

ローマ日本文化会館

ローマは若いころ三等書記官として二年半ほど、また大使として二年ほど在勤した土地で、馴染みの深いところである。そうした関係からまたカトリック系の学校清泉女子学園が日本に設けられるようになった際、妻の雪子が多少のお世話をするようになり、ひいて今日に至るまでその学校に繋がりを持っているなど、この都市とは因縁浅からぬものがあるのである。

誰も知る通り、ローマは美術の都、ある意味では文化の上における世界の首府でもある。そうしたわけからか、世界各国の美術を陳列紹介する特設館が、それぞれ幾つもの国の手で建てられていた。

私はこの道に特に深い造詣があるわけではないが、聞くところによると、たとえば絵画なども、同じ画家の手になるものでも、環境風土を異にするに従って作品の趣が異るものだそうだ。私はそうしたことから思いついて、日本の風土から生まれた日本独特の美術を陳列展示する特設館をローマに置くようにしたいものと考え、その旨をムソリーニ首相に会った時にも話し、待命帰国の後にも機を見て話題に出したものである。

しかし、当時はムソリーニ首相も、日本のそういった方面には興味を余り持たなかったらしい。また日本は日本で満洲事変後の軍国調の最中で、美術だの何だのといった問題は、多くの注意をひかなかったようである。

もちろん、わが国の美術関係の人たち、殊にイタリアに繋がりを持つ人たちの間では、日本もまたローマに日本美術館を持ちたいという希望が共通の理想として抱かれていた。

戦前、三井高陽男爵の寄附で東京にイタリア文化会館が設けられたことから、ローマにも日本の文化会館をという願望が急に高まったように思われた。やがて戦争も次第に激しくなって、文化会館どころではなくなり、せっかくの東京イタリア文化会館も戦災で破壊されるなどして、そうした願望も自然と立ち消えになってしまった。

戦後の復興も次第に進み、特に日本の講和独立が達成されてから後、この問題を具体化する機運がようやく濃厚になった。こんどはローマに日本の文化会館を設ける問題と並行して、戦災で破壊された東京イタリア文化会館の再建が問題に上ってきた。昭和二十九年の夏、私の第五次内閣の時に日伊文化協定が結ばれて、両国の政府はそれぞれ相手国文化施設の自国内設置に援助便宜を与える旨を約束した。同時にこの協定に附随して、ローマにおける日本文化会館の設立及び東京におけるイタリア文化会館の再建に、それぞれ政府として便宜を図ることを約束した。こうして日本文化会館建設の問題も、ようやく軌道に乗ったわけである。

軌道には乗ったものの、その後の進行は必ずしも円滑でなかった。日伊文化協定の結ばれた年の秋、外遊した私はイタリアを公式訪問したが、その折に日本文化会館建設候補地を下検分した。会館の敷地は約三千平方メートル、イタリア政府から国有地を無償交附されるとのことで、高台にある景勝の地であった。この土地は昭和三十五年の夏、同国政府から交附され、また附属庭園のための敷地約千五百平方メートルも名目だけの地代で借用することになり、昭和三十七年夏にやっと決まった次第である。

文化会館の建設については、当然のことながらその費用の問題があった。一つはローマにおいての会館建築の費用であり、もう一つはローマで提供される敷地との引き替えのような形で東京のイタリア文化会館の復旧に協力する経費の問題であった。

東京の方の復旧については、諸方面からの寄附金で会館の家具または装飾品の一部を寄贈することでイタリアに対する義理を果したと承知している。一方、ローマでの建築費約二億円と造園費千五百万円とは、佐藤栄作君の蔵相時代に昭和三十四年度予算に計上することができる運びになった。

会館の建物は日本様式のものにしてほしいと、イタリア側からも申入れがあり、日本側の関係者もまたもとより欲するところであったので、日本建築の権威である吉田五十八氏に依頼し、わざわざ現地の視察調査までして設計をしてもらったとのことである。

吉田氏は東京芸術大学の名誉教授、日本建築にかけては第一人者である。私としてはずっと以前から親しくしてもらっており、大磯の家も同教授に設計を煩わしている。ローマの文化会館についての苦心をきくと、先ず当然のことながらイタリア政府筋から、周囲とあまり不調和なもの、特に今流行の超モダーン様式は困るという注文をつけられた。何分にも建築施工の全部を現地の工人の手に任せることにした関係から、日本様式といっても、いろいろな点で制約があったようである。

将来の保存修理などのことを考えて、全部コンクリート建築の椅子式にし、畳や紙障子など日本の職人を必要とするようなものを一切避けた点、また日本の工人でなければ困難な仕事を含む工事は排除したことなど、だいぶん苦心を払われたようである。

庭園も日本式で、この方は中島健という造園家に行ってもらったと聞く。この中島氏もまた偶然私の旧知の人で、大磯の私宅の池や築山など以前からこの人に手がけてもらっている。

会館の建物は地階を含む二階建、延八百坪で平安時代の寝殿造りを基調にしたものだそうである。昭和三十七年の外遊の際に立ち寄った時は、工事はすっかり進んでいたが、開館式は十二月の半頃盛大に催されたと聞く。会館の運営を委託された国際文化振興会の会長岸信介君がわざわざ開館式に出かけて行った。私もせっかく招待されたけれど、折から外遊疲れで静養を命ぜられていた際だったので残念ながら参列できなかった。

何れにしても、私の多年心にかけてきたローマ日本文化会館が、このようにして誕生するに至ったことは喜ばしい。内外関係者の好意と協力のお蔭である。会館の総長という名前で元文部大臣の岡部長景氏に東京に置かれる同館運営委員会の委員長を引き受けてもらい、現地にあって会館の事務を執りしきる館長としては、東京大学名誉教授の呉茂一氏を煩わすことになったという。呉氏は西洋古典学の権威だそうで、誠によい人を得た次第である。私も近い機会に是非参観したいものである。

呉館長は赴任のため渡欧される前に大磯の私宅に訪ねて来られたが、いろいろお話ししている間に、私とは遠縁に当る人であることがわかった。最初から最後まで、何から何まで私にとって縁の深い話である。

私の夢・東京湾埋立

狭い国土の中で、農耕地を新たに造り、工場敷地を拡張するために、干拓というか、埋立というか、とにかく適当な水面を何らかの方法で活用して、経済価値を増大することは日本の将来にとって、特に切実な必要のあることである。

私はそうした考え方から、局にあった頃にも、オランダに干拓関係の技術者の派遣を図ったり、またオランダからその方の著名な技術家ヤンセン博士を招いたりしたものである。知られる通り、オランダは国土の大きな部分は海面水準以下にある。そのためか、水面を陸地化して利用する経験と技術とに富んでおると聞いたので、日本の場合にも活用したいと考えたのである。

ヤンセン博士は何度も日本を訪れ、八郎潟、有明海その他干拓埋立の候補地を見て回り、その報告は今でも貴重な資料になっているそうである。中でも八郎潟では干拓工事が既に大規模に行われ、広い農地が造成されていると聞く。そうした埋立計画の候補地のうち、東京湾一帯は最も有望な地区であって、西側の川崎、横浜方面では早くから工場地が造成され、各種の工業が発展してきた。さらに東側の千葉県沿岸も新しい工業地帯として着々と手がつけられているようだ。こうしたなかで二、三年前から、さらに大規模に東京湾を利用して広大な埋立地の造成を図る計画があると聞き、私に新しい夢を抱かせることになった。

その東京湾埋立案は既に知られているように、松永安左衛門さんが主宰している産業計画会議で立てられたもので、埋立の面積、利用の範囲、附随する水利計画などあらゆる面に亘って思い切って大規模のものである。この計画に関連して聞いた話だが、東京・銀座の土地は坪八百万円するに対し、ニューヨークのウォール街では一平方呎《フィート》二百ドルとか。日本の方が三倍ほどになるという。東京湾の埋立地と銀座の目抜き通りの土地相場はもとより同日の談ではあるまいが、地価の高い東京のことだから新しく造成される土地の価値からみても、大変な大きな計画である。

もちろん、計画はまだ星雲の域を脱していない。着想に目鼻をつけた程度というべきであろう。これを実現するには、先ず大変な金がかかる。歳月もかかる。関係する範囲も広い。多数の技術者も必要だし、技術を統轄する人物も容易に得られるかどうかわからない。また施工者も、関係都県か、政府か、それともその協同体か、などの問題もある。施工の責任者として政府が加わらねばならぬことは明らかであるが、その担当者としては、アメリカのテネシー渓谷開発事業の場合のように、特別の官庁を新設することも考えられる。何れにしても、計画全体を強く推し進める政治的な背景がなくてはなるまい。

何回目かの外遊に当り、西ドイツのアデナウアー首相と会談の際、日独両国の経済的提携の必要を説いた。アデナウアー首相は「どうしたら提携を進められるか」ときくので、「それには先ず金を貸してくれ」と答えた。「それもよかろう」とアデナウアー首相はこれに応じた。ところが、それが契機となって図らずも大阪市債の話が始まり、二億マルクの外債がまとまった。東京湾の埋立計画は概算三十五億ドルの資金を必要とするそうだが、その中の二十億ドル程度は外債によらねばなるまい。その二十億ドルの借金を実現したいのが私の夢で、最近の外遊においても、アメリカの政府筋や銀行家にその話をするのが、目的の一つであった。

アメリカでは私の東京湾埋立計画は既に有名な話になっているそうだ。これが八郎潟や有明海ではそうはいくまいが、東京湾だというので、比較的容易に理解もされ興味も持たれるのであろうか。一般に、すぐ有望とまではいかなくても、悲観的には受け取られなかったようである。

しかし、ハリマン国務次官補と会った時「吉田さん、あなたはその計画の完成まで生きているつもりですか」ときかれたには参った。至極もっともな質問である。私は「これは私の夢です」と答えた。ところが、私より図太い男がいるのを知った。それは松永安左衛門さんである。最近東京都の埋立計画の費用調達の関係で、調査のため来日していたニューヨークの金融業者クーンレーブ商会支配人ライト氏を大磯に招いた際、やはりライト氏から同じような質問をされた。同席の松永さんは、「今はまだ計画の序の口で、あと五十年かかって完成するつもりだ」と、平然と答えて一同を笑わせたものである。

先年内閣在職中の外遊の際、移民借款千五百万ドルの話をつけ、またこんど大阪市債二億マルクの緒をつくった。もし、東京湾の外債に成功したら、借金学博士の名誉学位をどこからかもらいたいと思っている。私はメァリーランド大学とコロンビア大学から名誉法学博士をもらっているが、法律については至って暗い。そこへいけば、借金の方は少なくとも実績がある。そうした話をすると、借金は財政の一部だから、財政学博士の方がよかろうというものがいる。どちらでもよい。二十億ドル借款に成功して、東京湾埋立完成の暁には、名誉博士をもらいたいというのが私の楽しい夢である。

わが家の迎賓館

何度かの欧米旅行に当って、諸々方々で訪問先きの私宅に泊めてもらう機会を持った。

一番印象の深かったのは、ニューヨーク郊外のロックフェラー三世の別荘である。同じ屋敷の内にある親戚へ行くにも、自動車で何十分もかかるのだという話だったから、大変な広さと規模である。しかも、その歓待ぶりは至れり尽せりであった。

ロンドンでは郊外にあるケズウィック氏の邸宅に泊められた。これは東洋方面に広く商売をしているジャーディン・マセソン商会の主人で、私としては養父の関係から若干のかかわり合いを持つ人である。それから最近の外遊では、西ドイツのクルップ氏の邸宅。ここでは昼食を饗応された。楽隊のサービス付きで、これまた大変なもてなしであった。

このように私を私邸に招いてくれた人に限らず、海外で親しく会談した相手方が日本を訪れると、よく私の宅を訪ねてくれる。ところが、私の家は誠に手狭で、そのような時に、泊ってもらいたいと挨拶するわけにいかない。殊に夕食などの後は、東京に帰る時間を考えると、落ち落ち気を安うして歓待している余裕がない。泊ってもらいたいといえないからである。

そういうわけで多少とも余裕のある部屋がほしいと思っているところへ、昭和三十五年に、皇太子殿下の御訪問への答礼として、アメリカのアイゼンハワー大統領が来訪することになった。そこで大統領には是非私の家を訪ねてもらいたいし、訪ねてもらえれば泊ってもらいたいと思い、外人の宿泊に適当な増築を思いついた。

アイゼンハワー大統領の訪日は、誰も知るような始末で一応は中止となったが、その翌年改めて来日するというので、それを目標に工事を急いだ。ところがその予定もついに実現されず、その次はイギリスのマクミラン首相が来訪するということになり、従ってわが家のささやかな迎賓館も役に立つかと思っていたが、それも実現しなかった。

その後、新築ができてからは、アメリカの国務次官補ハリマン氏や、ドイツのクルップ重工業のクルップ氏など、大磯の私宅を訪ねる外人は多かったが、まだ泊ってもらうところまではいかない。

新築の部屋は、母屋よりも地盤が一段と高くなっており、南は松林を通して相模湾を、西は遥かに箱根の山々はもちろん、富士山を眺める景勝の地にある。お客のないことを幸いに、主人自らの起き伏しに使っているが、訪問者は一様に「海も山も眺められて結構な住いだ」と、ほめてくれる。私はこれら訪問客の感想に応えてこの館を「海千山千荘」と名づけようかと思っている。訪問客は、この家の主人が「海千山千」だからこのように称するのだろうという。これに対して私は、わが家への来訪者はすべて「海千山千」の方々ばかりなので、それらの人々の迎賓館ゆえ、このように命名しようと思うのだと応酬するのが常である。

このわが家のささやかな迎賓館は建坪わずか四十坪ほどだが、この建築については、大林組に大変お世話になった。また設計は吉田五十八氏に、庭の方は中島健氏に依頼した。

五賢堂由来

わが家の庭の一角、海に近い松林の小丘に、ささやかな祠堂がある。

この祠堂は維新の元勲岩倉具視、木戸孝允、大久保利通、三条実美の四公のほか伊藤博文、西園寺公望の両公を祀ってある。この祠はもともと、伊藤公の建立されたものである。それが、わが家に移った由来を記しておく。以て、伊藤公の志を偲ぶよすがとしたいからである。

伊藤公がこの祠堂を建立されたのは、明治三十六年。同公の大磯別邸滄浪閣の一隅である。日露戦争開戦の前年、当時の伊藤公は枢密院議長として、明治天皇の最高の御相談役を務め、重大な国事について日夜心労に明け暮れておられた頃である。はじめは前述の四元勲を祀ったもので、聞くところによれば、公はこの四人の先輩を特に尊崇され、何か重大な問題が起こるたびに、この祠堂で沈思黙考されたとのことである。

公自身でこの祠堂を「四賢堂」といわれた。祠堂の正面には当時の皇太子殿下、後の大正天皇の御筆になる「四賢堂」の扁額が掲げられていたという。しかし、滄浪閣がその後、転々と人手に渡っている間に、その扁額はいずこともなく失われてしまったと聞く。

伊藤公の別荘滄浪閣は周知のように明治憲法起草の地であり、現在は堤康次郎君の手に渡っている。「滄浪閣菜苑」の看板を掲げている。旅館兼料理屋であろうか。

数年前のある日、元公使藤井啓之助君の未亡人清子さんが来訪した。藤井夫人は伊藤公の令嬢が嫁いだ西徳次郎という外交官の娘さんで、公の孫に当る人だ。

この藤井夫人の話では「四賢堂」は庭の片隅に移され、荒れ果てて顧みるものもないという。誠に遺憾なことである。藤井夫人は幼いころ、祖父の伊藤公につれられて滄浪閣に遊び四賢堂のお供物かざりを手伝ったものだという。それが旅館の一隅に朽ちはてているのは情なく、何とか助力を願いたいと切々と語るのであった。

そこで、相手は私と親しい堤君である。早速、堤君に四賢堂を私の庭に移してもらえないかと頼んだ。ついでに遷座に要する費用も込めて四賢堂をお譲り願いたいという虫のいい注文である。堤君は「実は最近、貴方に金をとられる夢をみました。これは神さまのお告げに違いない」と、笑いながら承知してくれた。

四賢堂が滄浪閣から私の邸に移った経緯は、このような次第であるが、実はもう一つの古い因縁話がある。

伊藤公の死去で梅子未亡人は東京にいる娘婿末松謙澄子の邸に移られ、滄浪閣は韓国王家の李王殿下にそっくり譲られた。ところが、その後私の義父牧野伸顕伯から伊藤家に対し、四賢堂を朝鮮の王家で祭るのはふさわしくない、できれば自分に譲っていただきたいと、申し出た。四賢堂の四元勲のうち大久保利通の三男に当る牧野伯としては、自分で祭りたい気持ちで一ぱいだったようである。

伊藤家は親族の人々も混えてこの申し出でを協議した結果、既に李王家に四賢堂も含めすべてを譲った以上、その一部を今さら分離するのは失礼であるとの結論に達したようである。滄浪閣の建物は大正十二年の関東大震災で崩壊し、現存の建物は李王家で再建されたものと聞いている。四賢堂は幸い大地震にも何らの被害がなかった。

このような事情にあった四賢堂が、戦後私の邸内に移されたのは、亡き義父の志の一端が実現したように思える。四賢堂の移転が完了したのは、昭和三十五年四月のこと。その年の十一月二十七日、最初のお祭りを執り行い、それ以降は伊藤公の命日である十月二十六日、またはこの命日に近い日に知人を招いて例祭を行っている。

伊藤公の没後、梅子未亡人は四賢堂の祭壇に伊藤公の肖像も掲げ、四賢と合わせて祭っておられたそうで、事実上は五賢堂となっていた。堂の中には三島中洲翁の揮毫する「四賢堂歌応伊藤公徴」と題する長詩がある。その最後に「四賢堂永く壊れずば、侯と併せて応に五賢堂と呼ぶべし」とある。この漢詩は四賢堂の建立された翌年の作で、伊藤公が亡くなってから後は、周囲の人たちも五賢堂と称していたらしい。

祠堂の正面に四賢の肖像を、右側の壁面に伊藤公の写真を掲げた。すると、左側の壁面が空白なので、参拝する人が「祭主自らの場所にとってあるのか」と、冗談をいう。もちろん、その冗談に応えるためではないが、昭和三十七年に西園寺公をお祭りし、写真をこの左側の壁に掲げた。この写真は当初適当なのがなくて迷ったものだが、ふと気がついて住友家にあるのではないかと、住友銀行の堀田頭取にお願いしてみたところ、見事な写真を贈っていただいた。

実父・竹内綱のこと

実父・竹内綱は、古い言葉で叛骨というか、今の言い方で野党精神というか、そうした根性に徹した人で、自由民権運動に熱心であった。

西南戦争の起こったころ、父は片岡健吉や大江卓などの同志とともに、大阪で旗挙げを図って捕えられ、越後の獄に下った。また私の物心ついたころ、政府の機嫌を損じ、保安条例に引っかかり、皇城外三里に追放され、暫く横浜に住んでいた。そうした父の血を引いた私は、どこか頑固なところがあって、後には獄に入れられるようなことになったのかも知れない。

その父は、私が初めて外交官になったとき、関兼光の名刀をくれた。そして、「役人になるととかく誘惑が多い。それというのも世俗の欲に迷わされるからである。お前も役人となるからには、誘惑に陥らぬように、この名刀をもっていて、いつでも俗念を断ち切れ」と諭すのであった。私が今日まで大過なく務めてこられたのも、父のこうした訓《おし》えの賜ものであるかも知れない。父のくれた関兼光は今でもわが家に秘蔵してある。

領事官補として、初めて奉天へ赴任したとき、かの地の総領事は今の萩原徹駐仏大使の父君守一さんであった。父はこの萩原さんと懇意だった関係で、息子を万事よろしく頼むとの紹介状を書いてくれた。しかし、萩原総領事に着任の挨拶に行った際、私はその紹介状を出さなかった。そして帰朝命令が出て帰国の挨拶に伺ったとき、改めて父の紹介状を出した。萩原さんは「なぜ着任のときに出さなかったのだ」と、私を詰問した。「親の七光りは嫌いです」と答えたことを覚えている。

最初は領事官補として天津行きの辞令をもらった。それが急に奉天勤務に変って、萩原総領事の下で働くことになった。ところが、萩原さんがハルビン転任を命ぜられると、私もハルビン行きとなり、萩原さんがハルビンは嫌いだといって取り止めになると、私のハルビンも取り止めとなった。

後になって明らかとなったことだが、私が最初に天津に一応決まった時、吉田は生意気な奴だから、天津は不向きだ、喧しい萩原のところへやって、みっちり鍛えてやる必要があるという意見が出て変更になったのだそうである。当時、天津の総領事は加藤本四郎という人で、非常な温厚君士人だったそうである。そこで吉田は不向きだということになったらしい。萩原さんのハルビン行きの辞令が出たり、引っこんだりするにつれて、私の辞令も変っていった理由がそれでわかった。私は辞令の上では天津だの、ハルビンだのへ行ったことになっているが、実際に赴任したのは奉天であった。

萩原さんには先輩としてよく指導していただいた。上役にお世辞をいうようではいけないなどともいわれた。後に萩原さんが本省の人事課長だった頃、私は初めてロンドンへ赴任することになった。その時、萩原さんのいうには、「加藤高明さんが駐英大使として近く赴任するので適当な秘書官を探している。もし、君が大使と同船することになると、秘書官になれと口がかかるかも知れない。しかし、君は今から大使にお世辞をいうようなことではいけない。だから、君の出発は次の船便にせよ」ということであった。私は奉天以来の間柄で、萩原さんの気骨のあるところに敬意を払っていたので、その忠告に従った。父の添書のことで七光りは嫌いだのと、生意気なことを萩原さんにいえたのも、そういうような間柄だったからでもある。

奉天への赴任の際、一番上の静という姉から羽織袴の三つ揃いをもらった。ところが萩原総領事が山海関のイギリス人税関長を招待したとき、税関長夫人や令嬢も同伴の宴会だというのに、私は公式の洋服がない。已むなく姉の贈物の三つ揃いを着て出たが、その服装のまま令嬢とダンスをさせられ、恥ずかしかった記憶がある。

私は五人兄弟の一番下だったが、長兄の明太郎については、最もこわい兄としていろいろ印象がある。この兄は衆議院議員にも出たり、土佐に工業学校を設立したり、社会的に広く働いた。農を以て民を養い、工を以て国を富ますというのが、長兄がこの学校を興した精神であったと聞く。私が奉天総領事の時一度帰国して訪ねたら、兄はちょうど選挙の最中で、高知の旅館に陣取っていた。総領事で少々は偉いつもりでいた私は、その夜の宴会に引っぱり出され、末席に座らせられ〝茂、茂〟と呼び捨てにされて台無しだった。この兄の建てた土佐の学校は今日では県立となり、高知工業高校として続いている。先年、副議長や郵政相を務めたこともある高知選出の参議院議員寺尾豊君は、若いころはこの兄の秘書をしていた人で、この学校の第一回の卒業生だそうである。そうした縁故で私にとっては特に親しい関係にある。

〝吉田財閥〟の起源

養父の吉田健三は福井藩の士だったが、青雲の志に駆られ、藩主に断わらずに国を離れて、当時文化の先駆者が集まり、外国文明との接触も多い長崎に出て、勉強をしようと考えたという。実父の竹内綱も一時長崎で高島炭坑の経営を手がけていたなどの関係で繋がりができ、後に私が吉田家に養子にもらわれる縁になった。養父は多分軍艦の厨夫か何かで行ったのだと思うが、イギリスに渡って勉強をしたとも聞く。何かの縁で河村海軍卿に知られて親しく出入りしていたが、それがまた買われたか、横浜のジャーディン・マセソン商会に雇われ、河村海軍卿の伝手《つて》で日本政府に対する軍艦や兵器などの売り込みに腕を揮ったらしい。

ジャーディン・マセソン商会というのは、十九世紀の前半に広東に設立された古い貿易商社で、スコットランド人のウイリアム・ジャーディンとジェームス・マセソンという二人の創立者の名をとったものだそうである。養父の関係したのは、その商会の支店のようなもので、安政六年の日本の開国と同時に、それまでジャーディンの店で活躍していた同じくスコットランド人のウイリアム・ケズウィックという人が横浜に渡ってきて開いた店だという。

だから、横浜開港と同じように古いわけで、数年前もこの店の百年祭が行われ、私も招かれて一場の挨拶をした。挨拶といっても、前に述べた養父の話から、その退職の際にもらった一万両の慰労金で養父が大磯その他で土地などを買ったこと、これが〝吉田財閥〟の起源であることなどを話した。後でジャーディンから「大変おもしろかった。あの時の草稿はないか」ときかれたけれど、即興でやった挨拶だったので、草稿などはもちろん残っていなかった。

ジャーディン・マセソン商会は現在では日本の法律による法人で、東京、横浜、大阪に事務所を持ち、貿易業や運輸業を手広く営んでいる。横浜の最初の店は、居留地一番と称せられる地区にあった。慶応二年の横浜の大火でこの店は類焼し、また大正十二年の関東大震災にも厄を蒙り、さらに神戸に移ってからも、空襲に遭って事務所を失うなど、幾度かの災厄を経験しながら、終始日本を中心とする国際貿易の発展に尽していることは、多少の縁に繫がる私としても嬉しいことである。

ジャーディンをやめた時の慰労金で、養父は大磯のこの土地に地所を買って移り住んだ。今から数えると八十年ほど前のことで、何でも一坪当り五十銭であったと聞く。その後橋本軍医総監から譲り受けた土地や三井家から買った土地などが現在の屋敷になっているが、東京その他にあった不動産については、二代目の私はもっぱら減らすことに精進してきたため、大半を手放してしまった。〝吉田財閥〟も従って終りを告げた次第である。

育ての親・私の養母

今日に至るまで常に感銘しているものに、母の恩愛がある。実父については別に書いたように、長崎で炭坑の経営をしているうち国事犯に連座して下獄した。そのため実母は単身で東京に引き揚げることになった。

その頼りない身の一切を世話してくれたのが、海外遊学を志して長崎にきていた後の養父吉田健三である。

このような縁故で吉田家と竹内家との間で養子の話がもち上がった。私が末っ子なので、吉田家へやられた。ところが、養父の吉田健三は四十歳余りで早世したため、私は母親一人の手で育てられた。幼い頃は自分が養子の身であることを全く知らなかった。

或る時、見も知らぬ人たちが突然現われて、私のことを呼び捨てにしたり、横柄なものの言い方をするので、変な人たちだなと思っていた。それが実の父であり、実の兄弟であることがわかった。今から思っても、まことに妙な気持ちだった。

実父は後に再び保安条例に触れて皇城外三里に追放された。一夜のうちに東京から退去するように命ぜられたのである。父は一応、横浜に落ちつき、その後家族を土佐へ送り返すことになり、私もまた他の兄弟たちと共に土佐行きが決まった。しかし、土佐は遠いところでかわいそうだと養母が主張して、私の土佐行きを承知しなかった。たまたま土佐出身の政治家中島信行氏が大磯の家にきて、その末子を藤沢にある漢学塾に通わせていることを語り、養父母にも勧めたので、私はその塾にやられることになった。養父の死後は塾から家に帰れば養母と私の二人暮し、淋しい家庭に淋しく暮らす月日が何年となく続いた。

養母は病身のため、伊香保へ行ったり、箱根へ行ったりして夏を過ごしたが、私は常に一緒だった。今でも箱根芦ノ湯の近くを通ると、駕籠で箱根の旧街道を越えたことなどが想い出され、懐かしい気持ちがする。

養母は佐藤一斎の孫である。佐藤一斎はいまの大学に相当する昌平黌《しょうへいこう》の学長に当る職にあった人である。当時の大名やその他の名士が盛んに家に出入りした昔話を、養母からしばしば聞かされたものである。

また、隅田川の畔の小梅には曽祖父の屋敷があった。この家でたびたび遊び、夏の大雨のあと、近所の屋敷の金魚や鯉が自分の屋敷の池に流れ込んでくるのを、大いに喜んだ記憶がある。自分の方の魚も近所の池へ逃げていくことは気付かずに――。その屋敷は水田に囲まれているようなところにあった。今はその影も形もないし、だいいち家がどこにあったのか、見当もつかない。

五人兄弟の末っ子に生まれた私は、生家にそのままいたら多分誰もかまってくれず、特に目をかけてもらえる相手もなかったろう。それが養子にもらわれたために、一人ッ子として養父母に非常に可愛がられる身分になったのである。

養母は士子といった。コトコと読む。漢学者の家に生まれたのだから、何か理由のある名だろうと思うが、特にきいたことはない。学者の家に生まれ、学問の素養のあることを心秘かに誇りとしていたらしい。そのためか、気位の高い人であった。ところが、その養母が私については「この子は気位の高い子だ」と、よくいっていた。しかし、私には母の方がよほど気位の高い人だったように思う。

不思議なもので、気位の高い子だとしばしばいわれていたせいか、いつか本当に気位の高い子になってしまった。養母を想い出すたびに、私が気位の高い子になったのは養母のお蔭と感じている。これが他人の目からは傲慢と見られ、我儘と思われ、ワンマンなどといわれるような性格になった所以であろう。

しかし、一方には他人の威圧に屈しない、痩我慢の強い、威圧に対してはむしろ反抗的な人間になったとも考えられる。そうした叛骨というか、頑固な性格は父の遺伝かも知れぬが、同時に養母の影響力も強かったように思われる。養母はまたよく「この子は間違ったことをしない」といってくれた。これが私には自尊心を植え付けることになり、自信の強い人間にしたかも知れない。これもまた養母のお蔭というべきであろう。幼い頃から我儘をしてずいぶん厄介をかけた私だが、年をとってくると世話になった往年のことをしきりに想い出すのである。

私は人の母親について常に思うのであるが、子どもに最も間近にいる母親の躾けが大事である。母親の躾けが人の性格を造り上げ、場合によっては一生の運命をも決するように思われる。よく人は胎教が大事であるという。あるいは事実かも知れぬが、それよりも生まれてあとの教育、殊に母親の躾けが一層大切である。世の母たる人たちは、子どもを育てる場合にこのことを念頭において、躾けについては一言半句たりとも疎かにしてはならないと思う。

味のお国自慢

子どものころ、土佐の高知で地酒のドブロクを飲まされ、酔って苦しい思いをした記憶がある。そのせいか、高知の酒はまずいとの印象が強く残っていた。

先年、はじめて選挙に出ることになって高知へ渡った際「土佐の酒はまずいから、よい酒を東京から持って行こう」と語ったことがある。これを伝え聞いた選挙区の有志たちから「土佐には自慢の酒がある」と叱られた。なるほど、土佐に着いて飲まされた酒は上等だった。「司牡丹」という名の酒で、以来その酒を愛用している。

選挙区で初めて演説に行ったところは、山間部だった。ここで私は「土佐のような雨量の豊かな太陽にも恵まれた土地で、米作ばかりに頼っているのは知恵のない話。よい値で売れる高級野菜や果物を作ったらどんなものだろう」と、知ったかぶりを講演した。

ところが、海に近い次の演説会場に行く途中、立派な温室が並んでいるのを見て驚いた。いましがた得々と論じたことが、すでに実行されている。聞いてみると、高級野菜を栽培して京阪神地方へ盛んに出荷しているとのことだ。

酒の話といい、野菜の話といい、選挙区の実情に暗い男が立候補しようというのだから、誠にいい気なものである。

そのような男のお国自慢だから、権威のほどは保証できないが、とにかく「司牡丹」は自慢に値いする。もう一つ、おいしいものにスイカがある。

先年のこと、まだ東京では手にはいらない寒い季節に、土佐からスイカを送ってくれた人がある。元来、私はメロンだの、スイカだのは全く食べない人間だ。しかし、このときは送り主の好意に感じ一口だけ食べてみて、びっくりした。珍味とはこのことで、大いにむさぼり、家人を心配させた。余りおいしいので、あつかましくも「もっと送ってほしい」と頼み、わざわざ飛行機で届けてもらったりした。こうしたことが伝わったためか、その後は土佐の知人から沢山もらい、少々食傷気味である。それにしても、土佐のスイカはおいしい。

お国自慢のついでに、私の住んでいる大磯の〝吉田菜園〟の野菜や果物のことを吹聴したい。

わが家の家庭菜園に桃の木が二十数本ある。なかなか良い品ができる。沢山実ったときは来訪客も感心して「千疋屋にでも売ったらどうだ」と、冗談をいわれるほど、なにしろ枝からいきなり食卓に上せるのだから、その味は格別である。

終戦直後はこの菜園に、イチゴを広々と作ったものだが、取れすぎて食べきれない。当時はイチゴを入れる木箱など入手できる時代ではない。ありあわせの箱に詰め東京の知人に配り、よろこばれたものだ。これも果物屋にでも売っていたら、いまごろはイチゴ成金になっていたかも知れない。

現在作っている野菜はサラダ菜、セロリ、アスパラガスなどである。私は毎日、これらの生野菜を菜園からとってきては食べている。健康にもいいようだ。人から私の健康法について聞かれるが、この生野菜は私にとって不老長寿の妙薬となっているようである。

食べものの中で大好物は豆腐だ。イタリア大使時代、手づくりの豆腐を志して、石の臼をローマの石屋に注文した。届けられた臼はなんと大理石。これは贅沢な、と驚いたが、イタリアでは大理石が石のなかで最も安いとか。もっとも、大理石の臼でひいた豆腐でも特別変った味はしなかった。

先年外遊してローマ日本大使館へ立ち寄ったとき、その大理石の臼がまだ残っているのを見て、往時を回想して懐かしい思いをした。

借金学博士

前にも少しく触れたように、私は法学博士の学位を持っている。もちろん名誉博士という名ばかりのものだが、一つはコロンビア大学から、一つはメァリーランド大学から贈られた。法律のことは全く知らない法学博士というわけである。

コロンビア大学の方は先年、内閣在職中に外遊し、この大学を訪問してカーク総長から授けられた。もう一つのメァリーランド大学というのは、アメリカのメァリーランド州に在る大学に、移動大学とでもいうのか、極東では東京だの、沖縄などで先生が出張して開講する制度がある。その東京での卒業式でもらった。エルキンスという総長がわざわざ東京へ来て、卒業式は九段会館で行われたように記憶する。

名誉学位といえば、娘の麻生和子も、確かニューヨークのマンハッタンビル・カレッジという聖心学院系統の学校だったと思うが、名誉法学博士をもらっている。そうした場合には、論文提出の代わりに講演を一席するわけで、私も和子もそれをさせられた。何をいったか忘れたが、和子の方は国際親善に功績があったという理由だったそうで、そうした問題に関して講演のようなことをしたのだと、後になって聞かされた。

法律を何も知らぬ法学博士よりも、私には国際的借金には、前にも記したように、若干の実績がある。先年の移民借款もそうだが、最初に西ドイツを訪ねた際に口をきいた大阪市のマルク債もある。これはアデナウアー首相との会談で、たまたま両国の親善提携の必要を私が強調したところ、首相は両国の協力にはどんな方法があるかとたずねるから、金を貸してほしいと早速切り出した。それが契機となってマルク債が実現したのである。第一回分一億マルクは大変好評だそうで、最近また第二回分一億マルクの契約もできたと聞く。

そういうわけだから、私の夢に描く東京湾埋立の費用二十億ドルの借金でも成功したら、是非とも借金学博士をどこかの大学からもらいたいものだと思っている。私がそういうと、借金も財政の内だから財政学博士の方がよかろうといってくれる知人もある。それならなお結構である。

借金といっても、自分自身の遣り繰りはあまり上手な方ではない。とかく尻拭いに困る方である。先年最初にイギリス大使館に勤めた時、そろそろ帰国が近づいたので、一つ自動車を買って持って帰ろうと思い立ち、カタログなど取り寄せて手頃の車を心に決めていた。そうこうしている内に、当時の正金銀行ロンドン支店長だった大久保利賢君がやってきて、「置みやげは困る」という。何のことかと訊くと、お前への貸し越しがこれこれだけあるとの話。その額はちょうど私が買おうと思っていた車の値段ぐらいだった。車を買って持ち帰るどころの沙汰ではなかった。

それが、他人のこととなると比較的手際よくやれる。先年、前にもいった移動大使でアメリカへ立ち回った時、在外公館の生活が苦しいという訴えを受けたので、帰国後、時の外務大臣の広田さんに伝えたところ、広田さんは、「自分は大臣ではあるが、別に功績もないので、大蔵大臣にそんなことは言い出しにくい。君、できたら話してみてくれ」といわれた。

大蔵大臣の高橋是清翁は、牧野伸顕伯のところへよく訪ねてきておった関係で、私を知っていてくれた。訪ねてまず移動大使から帰国した挨拶をしたら、よく来てくれたと笑顔で大変ご機嫌だった。ところが私が在外公館の手当の話を持ち出したら、急に厳しい顔に変って、「そんなことは外務大臣から話のあるべきことだ」と差し出がましいといわんばかりである。そこで私は広田さんの右の心情を伝えて自分の来た理由を説明し、在外外交官の生活、殊に若い館員の給与の低い話をした。そして、暖房なども不十分なために、館員の細君で身体が冷えて流産をした例もあるといったことをまで挙げた。高橋翁は結局了解してくれたらしく、その後在外手当が大きく引き上げられたそうである。

私の薔薇作り

私はこれで花木だの、盆栽だのが好きである。自分でそうしたものを作るというほどではないが、たまには自分で鋏を持つこともある。先年、家に招いた外人客が、バンザイ・ツリーを見せてくれという。何のことかとよくよく聞くと、盆栽を訛ってか、もじってかバンザイというのだとわかった。小さな植木鉢の中に納まりながら、何十年もの老樹のような風格を持ったバンザイ・ツリーの趣は、外人の目には一つの驚異であるらしい。そのお客も、食堂の窓べに並べてあった幾種類もの盆栽を賞めちぎっていた。

私は日本バラ会の会長を長く務めている。先年、内閣在職中に外遊した際などは、当時まだ戦争の恨みが忘れられていなかった関係から、至るところで心なしか何となく冷い空気で迎えられ、殊に、イギリスでは、捕虜虐待問題や外債問題の片がついていなかったせいもあって、いろいろ反日的な動きもあったものであるが、バラ会の関係者だけは大歓迎をしてくれた。ジャパン・ローズ・ソサイェティの会長がきたというので、賑やかに送り迎えを受けた。バラの功徳とでもいうべきか。

バラはいうまでもなく平和の象徴で、また古来王者の花ともいわれてきた。現代でもバラを国花とするイギリス王室はもちろん、わが日本の皇室も、海外ではバラ愛好家の一員に数えられていると聞く。西独のアデナウアー首相は、本職はだしのバラ作りだそうで、私が初めて会った時には、アデナウアー氏の名前をつけた素晴しいバラが、品評会で金メダルを獲得したという自慢話があった。アイゼンハワー大統領がバラの花を胸につけて選挙演説をして回り、目出たく初当選した後には、マミー夫人の名を冠した紅バラが売り出されたこともあるそうである。

私の邸には各国のバラ会から贈られた各種のバラが植えてあり、白金の外相公邸に住まっていた頃は、あの邸にも沢山植えたことを記憶している。中でもアデナウアー氏の名前のついたバラは、真紅の立派なもので、数年前同氏が来日して大磯へわざわざ訪ねてくれた時には、その美しいバラを室内に飾って、大いに歓迎の意を表したものである。

バラというものは、交配や接木でいろいろな新種が作られるものだそうで、よく新種を作り出した人の名前がつく。アデナウアー氏の新種はコンラード・アデナウアー・ローズというのだそうだ。私もいろいろ新種を手に入れる機会が多く、家人にもバラいじりの好きなものがいて、バラ会の会長として恥ずかしくない程度に咲かせている。今に、アデナウアー氏の向うを張って、シゲル・ヨシダ・ローズで金メダルをとりたいものである。

それについては私に自信がある。実は私には〝日本一〟の庭園師がついている。それは先きの特命全権大使奥村勝蔵君である。同君は戦後まもなくわが家のバラ園を再建してくれて以来、続いて面倒をみてくれている。

解説——吉田茂が晩年に考えたこと

井上寿一

本書は吉田茂『大磯随想』(中公文庫、一九九一年)と吉田茂『世界と日本』(中公文庫、一九九一年)を底本とする合本である。

『大磯随想』は、吉田の長男健一《けんいち》の解説によれば、英文年刊行誌の *This is Japan* に一九五七(昭和三十二)年から一九六二年まで掲載予定の記事の原文とその英訳の二部構成になっている。ただし原文と英訳にはちがいがある。英文のⅠからⅥと翻訳の異同を以下に示す。×は全く異なる。△は加筆・修正等がある。○は同じを意味する。

原文	英文	
「政治の貧困」	Ⅰ	×
「思い出ずるままに」	Ⅱ	○
「海浜にて」	Ⅲ	△
「外交と勘」	Ⅳ	×
「偶感」	Ⅴ	○
「大磯随想」	Ⅵ	○

異同に政治的な意味を見出すよりも、「政治の貧困」と「外交と勘」がもっぱら国内向きの内容のため、英訳は別稿になったものと推測される。以下、日本語原文を中心に、英文にも部分的に言及しながら、解説を付す。

吉田が本書を書き始めたのは、『回想十年』の完結前後からである。『回想十年』は全四巻で一九五七年から五八年にかけて新潮社から刊行された。現在は三巻本で中公文庫に収められている。当時の吉田は、一九五四年十二月の内閣総辞職によって首相の座を去っていたものの、政治的な影響力を失ったとは言い切れなかった。

この点を踏まえると、第Ⅰ章の「政治の貧困」とは、第一に反吉田の保守勢力に対する批判であることがわかる。なぜ日本の議会政治は「貧困」なのか。吉田は指摘する。「政治家が無能であり、多少有能と思われる人達が戦後に追放され、七、八年後に解除された時は呆けていた、呆けていないものも時代のズレが出来ていた」。ここに言う「呆けた」政治家が公職追放解除後、政界に復帰し政権の座に就いた鳩山一郎《はとやまいちろう》と岸信介《きしのぶすけ》であることは明らかである。

第二に本章は吉田が二大政党制の支持者であることを示している。もとよりそれは保守政党対革新政党ではない。吉田は言う。「絶対的な対立の形の二大政党では、私は議会政治は成り立たぬと思う」。吉田が理想としていたのは、イギリスやアメリカのような二大政党制だったようである。その二大政党制の成立条件は吉田にとって外交の基本方針の共有だった。このような「共通の広場」がなくては二大政党制が成立することはない。吉田はそう考えた。

第三に本章によれば、吉田はイデオロギー的に「右」よりも「左」の政治勢力を忌避していた。それは戦前の反省に基づいている。吉田はその理由をつぎのように説明する。「左へ行く危険性に就ては充分考えなければならぬ。現に戦争中にも軍部は大分、左翼化していた。満洲国の如きは右翼の連中のやったことではなくて、左翼の思想で作られたのである」。

以上要するに、本章は吉田が「左」「右」の両極端を避けて穏健な二大政党制をめざしていたことを明らかにしている。

なお本章の英訳に対応するはずのⅠ章は別稿であり、社会主義諸国の台頭に対して、東南アジアの「反共」諸国との経済的な緊密化によって対抗すべきことを説いている。これは吉田が一九五四年に欧米を歴訪した際に提唱した考えと一致する。

つぎの「思い出ずるままに」は前章の英訳の別稿と関連している。この章はアメリカの経済援助政策の不徹底を批判しているからである。吉田はアメリカの対東南アジア経済援助政策と日本が結びつくことで、社会主義陣営に対抗しようとしていた。アメリカの援助が不十分だからこそ、アジアは社会主義化している。吉田はそのように考えた。社会主義に打ち勝つことのできるのは自由主義市場経済だった。「ソ連は資本主義国家は資本主義自身によって自壊作用を起すというが、寧ろ共産主義国家こそ自壊するものと思う」。吉田の予想は当たったというべきだろうか。

Ⅲ章の「海浜にて」は吉田の予想が外れたことを示しているのかもしれない。吉田健一は「後記」に記している。「この中で読者が別な意味で読み難く感じるのは（他にもあるだろうが）、支那の国民がまだ眠っていて、いつになったら目覚めるか解らないという主張かも知れない」。事実、吉田はこの章で強調している。「支那は今なお目覚めておらず、これから先どの位眠っておるか解らない」。

対する日本は目覚めている、と吉田は言う。「日本人自身ももっと自信を持つ必要がある」。このようにナショナリズムを喚起する吉田の矛先は、市場と通商貿易関係の拡大を求めて社会主義国の中国やソ連に頭を下げようとする日本外交に向かった。

ただし吉田の場合、ナショナリズムの矛先はアメリカには向かわない。革新勢力も反吉田の保守勢力も、同じ対米自主外交路線だった。吉田は批判する。「日本人も何の自信があって、アメリカに兵隊を引き揚げてくれと言ったのか。……国を危くして何のプラスがあるのか。何の手柄になるのか。これが私として強く言いたいことである」。吉田はこの章であらためて戦後日本外交における対米協調路線の重要性を確認している。

Ⅳ章の「外交と勘」は吉田がもっとも得意な気持ちで書いたエッセイにちがいない。「外交の『勘』のない国民は亡びる」。吉田は強調する。外交の「勘」があれば、戦前の日本は戦争を引き起こすことなく、「世界の一大国として今日に至ったであろう」。

吉田は『回想十年（上）』（中公文庫、二〇一四年、二八頁）でも冒頭で、外交の「勘」を「ディプロマチック・センス（外交的感覚）」と言い換えて、「ディプロマチック・センスのない国民は、必ず凋落する」と引用している。外交の「勘」、あるいは「外交的感覚」とは、吉田が一九三四年に訪米した際に、W・ウィルソン米国大統領の側近エドワード・ハウス大佐が語った言葉である。

たしかに戦後の吉田は「外交的感覚」によって、憲法改正を降伏条件であるかのように受け入れて、戦後日本の基礎を築いた。しかしこの章に関しては、吉田の外交の「勘」が働いたとするには留保が必要だろう。なぜならば、社会主義国（より具体的には中華人民共和国）との国交回復に批判的であるだけでなく、東南アジアの「反共」諸国と「深い経済関係を持つ」ことに消極的だったからである。実際にはこれらの新興国はほどなくして急速な経済成長へと離陸していく。

この点を割り引けば、吉田の「外交的感覚」が敗戦国日本に平和と民主主義をもたらしたといっても言い過ぎではないだろう。

なおこの章に対応する英文のⅣ章は、戦後日本の奇跡的な経済復興が主題となっている。敗戦後十年で経済復興を遂げた日本の原動力を自助努力に見出す吉田は、明治生まれの政治的人間だった。

Ⅴ章は「偶感」といいながら、前章のテーマと同じ具体的な主題を繰り返している。それは吉田の東南アジア諸国に対する失望である。

敗戦によって植民地を失った日本は新たに資源供給先を探さなくてはならなかった。吉田にとってもっとも有望だったのは東南アジア諸国である。日本が東南アジアの資源を開発し、資源の供給を受ける。日本も東南アジアもともに経済発展が可能になる。吉田は期待した。

しかし期待は裏切られた。「相手国がその気になって我が国に同調」しなかったからである。「現在はまだその時期にあらず」。これが吉田の結論だった。

本のタイトルにもなっているⅥ章で吉田は持論を重ねて強調している。一つは大国間同盟の重要性である。吉田は日英同盟を懐かしむ。日英同盟の廃棄後、日本が大陸に手を伸ばし、ひいては第二次世界大戦に至った経緯を振り返る。そこから吉田は、戦後におけるイギリスだけでなく、アメリカとも「もっと話し合って、間違いのない政策を取って行くべきだと思う」と記す。

もう一つは吉田の強い反共意識である。吉田の反共意識は社会主義経済体制に対する批判に裏付けられていた。「中共は人民公社というべら棒な制度を布いて、飯も食わさずに働け、働けと働かした上、その結果は国家が取っちまう」。そうだからこそ社会主義国や分断国家にならなかった戦後日本は「幸福である」ということになる。

以上が基調になっているこの章の文脈を乱す一節が挿入されている。吉田は記す。「進駐政策の是正、これが今日の日本の問題だと思っている」。吉田にとっても日米安保条約と同行政協定、とくに行政協定の不平等性の是正は急務だったにちがいない。

＊

一九六三年が初版の『世界と日本』は吉田の最晩年の回想である。口述筆記によるこの回想録は『回想十年』、『大磯随想』などの要約版の趣がある。

三部構成になっている。第一部「外遊編——世界の指導者たち」は欧米の政治指導者に対する吉田の印象記である。「論策編」の第二部は吉田の日本外交論になっている。第三部「随想編」は肩の凝らない短いエッセイ集である。

第一部の登場人物は、西ドイツのアデナウアー、フランスのドゴール、イギリスのマクミラン、アメリカのケネディ、マッカーサー、ダレスとなっている。これらの登場人物は吉田にとって共通点を持つ。いずれも自由主義陣営の集団安保に徹している国の政治指導者である。

第一部は『回想十年(上)』の第六章「私の外遊日記」の要約版に近い。しかし主要人物の登場順は異なる。最初にアデナウアーが登場しているのは、吉田がもっとも親近感を抱いていたからだろう。自分と同世代の同じ敗戦国の政治指導者アデナウアーをとおして、吉田は日本を批判する。日本国内の社会主義に対するナイーヴな考え方にがまんならなかった吉田は、「西独では用のない共産主義対策」を称賛している。

他方で吉田は両国に相違点があることを認める。それは再軍備に対する態度だった。再軍備を進めようとするアデナウアーに対して、吉田はつぎのように日本の立場を説明したと回想する。「日本の経済力が再軍備の負担に堪え兼ねること、もちろんある程度の自衛能力を持つのは当然としても、程度如何では国民に大きな負担をかけて思想的にも逆効果の恐れがあること、そのため急進勢力に乗ぜられる危険があることなどを説いた」。吉田はここで軽武装・経済優先路線の持論を繰り返している。

見方を変えると、西ドイツ並みに急速な経済発展が可能になれば、日本もそれに見合った再軍備を進めて、集団安保の枠組みに参加することを示唆している。西ドイツには北大西洋条約機構があった。対する日本にはアジア太平洋地域における集団安保の枠組みがなかった。アデナウアーと吉田のちがいは集団安保機構の有無だったことになる。

吉田にとってフランスのドゴールの扱いはやっかいだった。反共のナショナリストにはちがいない。しかしドゴールはアメリカに対しても自立を主張していた。それでも吉田は、アメリカの介入を排除して欧州諸国だけの集団安保体制の確立をめざすドゴールに理解を示す。吉田は米仏間にある「共産侵略に対する西側の共通の立場」を重視したからである。ドゴールと比較すれば、イギリスのマクミランの方が吉田の評価は高い。吉田の見るところ、マクミランは「向米一辺倒」だからである。他方で吉田は英米間の「微妙な不一致」に言及する。それは中国承認問題だった。イギリス＝中華人民共和国対アメリカ＝台湾の対立は、吉田にとってアジアにおける「自由陣営の弱点」になっていた。

アメリカに肩入れする吉田は、ケネディに対する評価も高い。吉田はケネディの「力の外交」を支持する。一九六二年に第三次世界大戦を引き起こしかねないキューバ危機が起きた。吉田はケネディの決断を褒め称えて、この時「アメリカの力の外交が最高度に発揮された」と述べる。吉田にとってケネディは自由の価値の擁護者だった。そのケネディから吉田は欧州よりもアジアで自由を守ることの困難さを知らされる。ベトナム戦争が始まっていた。

第一部の最後の二人、マッカーサーとダレスは『回想十年』でも何度となく登場する重要人物である。

吉田はマッカーサーを「占領の恩人」と呼ぶ。このような手放しの称賛は日本の戦後復興が吉田とマッカーサーの合作だったと強調するためである。早期講和、憲法改正、再軍備、これらの問題に対して、マッカーサーは「物わかりよく呑み込みも早い人」だった。日本の占領をめぐって日米両国内に対立があったことを前提とすれば、吉田とマッカーサーは自国内の反対勢力を抑制する目的で、連携を強めたことになる。

ダレスは再軍備問題をめぐって手強い相手だったはずである。ところがここではダレスは「信念と達識の外交家」になっている。ダレスの「信念」とは何か。吉田はそれを宥和政策の否定と解釈する。ダレスの「達識」とは何か。吉田はそれを力の外交と解釈する。吉田はここで一九六〇年代初頭の同時代における宥和政策の否定と力の外交の有用性をダレスに引きつけて主張しているのである。

第二部「論策編」は晩年を迎えていながら、衰えを知らない吉田の持論を展開する。最初の「日本の進むべき道」は『回想十年（上）』の第一章「日本が歩んできた道」と同趣旨である。吉田は強調する。「わが国力は政治的にも、経済的にも、英米と協調した時期において躍進した。日本は海洋国家である。従って海洋勢力と手を握るべき立場にあるのである」。吉田にとって「日本の進むべき道」は対英米協調の海洋国家路線だった。

続いて吉田は革新勢力の日本中立論を「妄論これに過ぎたるはない」と退ける。なぜ日本は中立によって平和を守ることができないのか。吉田は答える。「今日の国際平和は東西の勢力均衡によって辛うじて維持されているのが現実である。日本や西独の如き、共産主義国と隣接する国家が、中立することは望み得ないし、また、望むべき筋合いでもない」。吉田は中立論の社会党を見限る。外交・安保の基本政策をめぐる極端な立場のちがいは、保守政党と革新政党による二大政党制の可能性を失わせた。

革新勢力の中立論に対する批判はつぎの日中接近論に対する批判に通じる。吉田はそのつぎの小論では日韓国交正常化の必要性を説く。吉田の立場は明確だった。「自由陣営」の立場に立つ。それならば中国とは台湾のことであり、韓国とは同じ「自由陣営」の国として国交を正常化すべきだった。

続く「サンフランシスコ体制に思う」と「日米安全保障条約について」は戦後日本の基本的な枠組みを作った吉田の自信が溢れている。あらためて吉田は全面講和論を非現実的と批判しつつ、日米安保条約を擁護する。日米安保条約は「日本が施設を提供し、アメリカが軍隊を出して……相互性は保持されている」からである。サンフランシスコ講和条約と日米安保条約は、吉田にとって戦後日本が海洋国家として再出発する前提条件だった。

サンフランシスコ体制を擁護してやまない吉田は、北方領土問題の未解決の原因をサンフランシスコ講和条約のあいまいさに求める批判に反論する。「問題を将来に残すことが考えられる最善の方法であったのである」。最善だったか否か、評価は割れる。どちらにしても北方領土問題は未解決なままである。

第二部の残り四つのなかで最初の「海運の再建措置を喜ぶ」は、海洋国家論者の吉田にふさわしい小論となっている。つぎの「共産主義は平和の脅威」は、内容を紹介するまでもなく、表題が示すとおりの持論の繰り返しである。三番目の「自衛隊に対する私の期待」も吉田の軽武装・経済優先路線の一断面を表現している。最後の「移民と観光に思う」も海洋国家論の一部から出たものだろう。

第三部の最初の三つは教育・文化関係である。最初は神道系の皇學館大學、つぎはキリスト教系の清泉女子学園に関連するエピソードになっている。皇學館大學の総長を引き受ける一方で、清泉女子大学の移転に骨を折り、ローマ日本文化会館の設立に奔走する吉田の姿は、国際感覚のあるナショナリストにふさわしい。

つぎの「私の夢・東京湾埋立」はどこにも分類できない雑件のようなエッセイである。この小論から約半世紀後の現在、吉田の夢は部分的に実現している。

残りの八つの短いエッセイは吉田のプライベートな生活を垣間見させる。最初の二つは吉田の私邸についてである。大磯の広大な敷地の私邸に小さな「迎賓館」を設けたこと、庭の一角に岩倉具視《いわくらともみ》、木戸孝允《きどたかよし》、大久保利通《おおくぼとしみち》、三条実美《さんじょうさねよし》、伊藤博文《いとうひろぶみ》、西園寺公望《さいおんじきんもち》を祀《まつ》る祠堂があること、吉田はこれら二つの建物の由来を記している。

つぎの二つは二人の父についてである。ひとりは実父竹内綱《たけうちつな》、もうひとりは養父吉田健三のことを指す。吉田は実父から独立心を受け継ぎ、養父から財産を受け継いだ。生意気で頑固なところは実父譲り、貿易商の養父とのつながりは、吉田の目を世界に向けさせたのかもしれない。

そのつぎは養母にまつわる思い出話である。吉田が「他人の目からは傲慢と見られ、我儘と思われ、ワンマンなどといわれる」ようになったのは、気位の高い養母に育てられたからだ。吉田はそのように語っている。

あとは三つの自慢話が続く。お国自慢、借金（日本の国際的借金）自慢、薔薇《ばら》つくり自慢である。他愛もない小エッセイのようでいて、政治が顔をのぞかせる。薔薇つくりの自慢話のなかに、イギリスと西ドイツのことが紛れ込む。戦後のイギリスは反日的なところがあった。しかしイギリスのバラ会の人たちはちがった。吉田は言う。「バラの功徳とでもいうべきか」。アデナウアーも「本職はだしのバラ作り」であると記す。アデナウアーに対する吉田の親近感の表れである。

以上のように吉田は晩年まで現役感覚で国際政治と国内政治を観察し続けた。軽武装・経済優先路線によって日本は先進国の仲間入りを果たす。この過程を見届けることのできた吉田は満たされた思いだったにちがいない。

（学習院大学学長）

大磯随想（英文）

RANDOM THOUGHTS FROM OISO

by

SHIGERU YOSHIDA

The following articles have been reprinted from the numbers of *This is Japan* in which they first appeared, by courtesy of the Asahi Newspaper Publishing Co., the magazine's publishers.

I

It has been my conviction that the economic future of Japan lies in the expansion of trade with the countries of Southeast Asia.

For this reason, I am glad that the protracted reparations negotiations between Japan and the Republic of the Philippines have been concluded.

When I was in New York in the autumn of 1954, Mr. Laurel, Philippine Special Envoy to the United States,

called on me. He asked if Japan would agree to annul the Ohno-Garcia agreement and negotiate afresh Japan's reparations to the Philippines. I replied that my Government would not hesitate to reconsider the Ohno-Garcia agreement if his Government was really serious about reaching a friendly settlement and establishing close economic relations between Japan and the Philippines.

A few days later I was in Washington. Mr. Laurel called again to say: "The Philippine Government is very glad to learn your opinion. It desires to reopen the reparations negotiations by annulling the Ohno-Garcia agreement." I agreed.

Subsequently, when negotiations were resumed by the Hatoyama Government, the amount of reparations was doubled to $800 million. It is a staggering sum, which I feel is far too big a burden to place on Japanese economy, considering what we are paying to Burma and what we have to pay to other countries. But it is useless for me to complain. I hope, however, that the reparations settlement will pave the way for close economic relations between Japan and the Philippines, and contribute to the furtherance of trade and cooperation between the two countries. The important thing is, after all, not so much the reparations amount but the reparations programme.

All our payments in goods and services should be so

channelled as to help the economic reconstruction and industrial development of the Philippines and to enable that country to supply us with more raw materials, such as iron ore and lumber, as well as to buy more from us. We must see that our reparations are applied to the purposes of expanding the economies of both countries and of promoting also the prosperity of East Asia.

The same approach is needed for agreement on reparations to Indonesia. It would be wonderful if our reparations could help develop the vast natural resources of that country and promote the welfare of the young republic, thereby bringing peace and stability to all Southeast Asia.

The free world is superior to the Communist bloc in brains, in wealth and in armament. But on the international stage of power politics, it is the inferior who is taking the initiative. Free nations are constantly harassed by Communist blustering and bullying and must frequently suffer from outright Communist aggression, as in the case of Germany, Korea and French Indo-China. Why ? There are many reasons for this strange situation. But the most solid reason is the combined strength of Russia and Communist China, which between them control a compact and impregnable land mass of more than 310 million people. The first task of the free world should be to break

up this Moscow-Peking Axis. And I think it can be done.

In fact, I believe the unwieldy combine is bound to collapse.

China has grievances against Russia. The Tsars of old stole Chinese territory north of Manchuria, and more recently the Communists have taken Outer Mongolia from China, and they are extending their sphere of influence steadily over Sinkiang Province. The Chinese may not say it today, but they cannot be happy about the Russian expansion. Mentally, the Russians and the Chinese are inimical. The Chinese are proud and haughty. Put a Chinese and a Russian in a room, and the Chinese will assume a superior attitude, looking down on the Russian as a barbarian.

Once the Tartars overran Russia. Now the Bolsheviks hold mainland China in their iron grip. I don't think, however, Communism in China is meeting with as much success as is reported abroad. The Chinese are basically individualists. I cannot believe that Chinese peasants are happy in the loss of their lands without compensation.

The policy of the free world should be based on the premise that the Moscow-Peking Axis is vulnerable, that it can and must be broken.

The Soviet Union has succeeded in setting up a diplomat-

ic organ of a sort in Tokyo on the pretext of administering the issue of fishery licences for Japanese fishing boats in the northern waters of the Pacific. Japan has been induced to seek resumption of diplomatic relations with the Soviet Union. Our delegation headed by Foreign Minister Shigemitsu went to Moscow for negotiations with the Russians.

The Kremlin has shown considerable versatility in manoeuvres designed to create confusion and friction in the ranks of the free nations. It has approached London with a trading proposal, involving huge orders for British products; it has indulged in pious preachments on peace, coexistence and disarmament. Now for Japan, the bait is salmon and trout, which our government has hastily swallowed. At the time of writing, it would seem that the Moscow Conference will end in Japan's submission to Soviet pressure and a hurried restoration of diplomatic relations between the two countries with or without a peace treaty. Before very long, perhaps, we will see a Soviet Embassy in Tokyo, flying the Hammer and Sickle. It will serve as the Communist headquarters in Japan, a base for Communist operations with diplomatic immunity.

Let us remember that immediately after the war's end the Soviet Union as an Allied Power set up its mission in Tokyo, and it was manned by more than 500 trained propa-

gandists and secret agents who guided and directed and activities of the Japan Communist Party, who abetted labour strikes, incited riots of Koreans, and created all manner of disturbances throughout the country. Let us remember that in the early days of the Occupation the Soviet Union made a proposal to station Soviet troops in Hokkaido —a proposal rejected by the Allied Headquarters.

It takes no stretch of the imagination to recognize that the Kremlin seeks a diplomatic foothold in Tokyo for the dual purpose of stirring up domestic dissensions and disturbances and of alienating Japan from the United States.

Let us be on guard ! [1957]

II

British Prime Minister Macmillan said after the Bermuda Conference in March 1957, that Britain and the United States had conducted their discussions "with the freedom and frankness permitted to old friends". One would hope that Japan and the United States could talk frankly and with such friendliness as well.

The United States'policy toward Japan tends to be indecisive, a fact which I always regret. It is this irresolution that gives rise to the so-called anti-American sentiment. For instance, the United States concluded a security pact

with Japan presumably not only out of her fondness for Japan but also in consideration of her own national policy and her strategical needs in the Pacific. Japan also accepted the pact for her own protection as well as in the interests of her national policy. In these circumstances, would it not be sensible for the two nations to discuss various issues in a more straightforward manner? The Hatoyama Administration asked the United States to reduce Japan's share in the joint defence expenditure. America did not agree. I doubt the wisdom of asking for such a reduction, but Washington was also to blame for allowing the issue to suggest that the United States'aid policy for Japan is a halfhearted affair.

During the period immediately after the war, America sent a considerable amount of relief materials to Japan, such as food and clothing, and the Japanese were grateful because, thanks to that aid, they were able to ward off starvation. The Japanese are still grateful, but anti-American impulses are encouraged because of this feeling that the U.S. aid policy is halfhearted.

Hasn't the United States been irresolute and indecisive in her policy toward Japan ? Was she ever quite sure what she was doing ? There is little doubt about America's good intentions, but on occasions when she should have taken a definite attitude, she tended to vacillate. For in-

stance, if America judged that the foreign policy of the Hatoyama Cabinet was wrong, she should have said so firmly and uncompromisingly from her feeling of friendship for Japan as well as from the standpoint of her own policy.

Irresolution seems to pervade the United States'foreign aid policy as a whole. Many of the actions taken by the United States give the impression that she is wanting in knowledge and assurance. Take, for instance, her aid policy towards the Southeast Asian countries. Unless she has a thorough knowledge of the conditions in that part of the world, the costly aid she gives may mean no more than "throwing a piece of gold to a cat". The cat does not know how to make use of the gold. What it needs is fish. Now, it appears sometimes that Washington is trying to force a guinea piece on the cat for the reason that gold has more value than fish. If America earnestly desires to bring prosperity and higher living standards to that area and to protect it from Communist infiltration, she should above all consult with Japan who is most familiar with conditions in that region, use Japan's profound knowledge, and work out an aid policy in cooperation with Japan. The development of Southeast Asia is a vital issue to Japan. Since the door to China is now virtually closed, Japan is seeking to obtain her food and raw materials from Southeast Asia. America should make use of Japan's needs, because, in doing so, she

could carry out her own plans more economically and the recipients of the aid would be getting what they need.

A pauper would be happier if he were given a dozen shirts rather than an evening dress or a frock coat. America should on all occasions give more thought to the fact that cooperation with Japan will enable her to carry out a policy adapted to reality with less expense, and will at the same time protect her from the unjust accusation of colonialism. The uninformed diplomacy of a rich country often succeeds only in causing bitterness.

According to the Marxist theorists, the capitalist world is supposed to collapse because of its own inherent defects.

But, in my opinion, it is the Communist countries themselves that must disintegrate. There are examples before our eyes. The living standard is still low in countries like Poland and Hungary, and this was the real cause of the uprisings. The Communist system is one which can only exist in impoverished countries. When the shortage in the necessities of life goes beyond a certain limit, the system loses its power. It is said that the number of Communist Party members in West Germany is already decreasing.
In any event, communism finds its existence only at a certain degree of poverty. Poverty beyond that degree provokes rebellions against communism; prosperity, on the other hand, leads communism to its natural death. Aren't

these phenomena actually now taking place ? The nations of the free world should raise their voices louder in pointing out these facts.

Communist China looms as a major problem in Japan's foreign policy of the future, because the Chinese continent must be opened to Japan for trade. Japan must import raw materials from that continent, which will be, at the same time, an important market for middle and small enterprises of this country. When the door to China is opened, Japan's rehabilitation will be further enhanced. I think that the United States should adopt a policy which will eventually bring trade and prosperity to China, and, instead of just trying to block her trade, help the Chinese people to understand that free trade is more profitable than communism. The Chinese have an instinctive understanding of a philosophy which teaches that free trade is a paying proposition.

Communist China and the Soviet Union form the axis of the Communist countries. Free countries should think more seriously about finding means to separate these two.

Britain seems to understand this. The United States and other free countries should also give thought to concrete steps in the same direction. My idea still persists that it would be more realistic to make a start by letting the Chinese fully appreciate the merit of a free world economy once more by liberating the economy of the Chinese

continent. After all, the Chinese are traditionally and basically prone to liberal commercial transactions. If this were done with skill and prudence, I am sure that the Chinese people would ultimately side with the prosperous economy of the free world.

Now, let us turn our eyes to the political situation within Japan.

At present, there is political stability of a sort, with the Liberal Democratic Party, headed by Prime Minister Kishi, enjoying an absolute majority in the National Diet. It must be remembered, however, that Mr. Kishi is still new in his dual position of Prime Minister and President of the Party.

In the circumstances, party leaders should join their efforts in his support. Any action within the party which, in effect, hampers or discourages his activities should be regarded as most undemocratic. He will gain in self-confidence and decision if he is enabled to carry out important work in domestic and foreign policies by loyal and disinterested cooperation of all party members. With the liquidation of intraparty strife, the ability of those who help will also develop.

It is not desirable for a well-ordered conservative party to appoint its president by vote. A decision as to who will be president should come about naturally, logically, even automatically. In the Liberal Democratic Party, one can ex-

pect that the status of each of the members will be gradually established in the course of their cooperation with the party chief, and the appointment of a successor will thus come about of its own accord.

A few words about the Japan Socialists'talk about setting up a welfare state, and in their platform planks vigorously upholding social reform. So far, so good. But noting the strong influence of the Sohyo (the General Council of Japanese Labour Unions) and its constant involvement in strikes and wage-raising campaigns, and recalling the party's irrelevant call for the opening of diplomatic relations between Japan and Communist China despite its condemnation of communism, the detached observer gains the impression that the Socialist Party's only aim is to gain power by any means, and without any real concern for the nation's interest. As long as the Socialists are preoccupied with these motivations, the possibility of their gaining political power in the near future is slight. Nor does such a party deserve to gain office.

The Japanese nation does not comprise only the working class. A responsible government must think in terms of the Japanese people as a whole. A class party is not worthy of governmental powers. I earnestly hope that the Socialists become more prudent and farsighted and responsible.

Japan's economic revival during recent years has been phenomenal. What other country in the world with less than 10 years of independence after the end of the war has shown such rehabilitation ?

Some time ago, I happened to be passing through a main thoroughfare running from Ueno to Shimbashi in Tokyo. I noticed that all those areas along the road which were in ruins at the end of the war were now lined with handsome new buildings, and there was not a trace of the war to be seen. Goods displayed in the shops, ranging from those in daily use to very highly priced ones, were rich in variety, quantity, and quality. Motor traffic exceeded that of London and Paris. The crowd in the street was still larger.

I cannot help feeling happy in the thought that this prosperity was brought about by the ability and industry of the Japanese people. They should be confident of their inborn qualities and be determined to continue their efforts for the further prosperity of their own country and the peace of the whole world. [1958]

Ⅲ

A few days ago an American called on me at my seaside house at Oiso. He said he had been studying social science or something, and had come to get to know Japan better.

He asked me a number of questions. Here are some of the remarks I made to him:

The world is in a bad fix, with rebellions breaking out in Algeria, the Middle East, and Indonesia; political and social unrest in many other parts; and economic depression everywhere. The chief villain in this global drama is communism, strutting on the world stage and gloating over the tragic scenes of poverty and distress; fanning the flames of racial antagonism and international friction. The ultimate Communist objective is, of course, world conquest by infiltration, intimidation, and by outright armed aggression wherever and whenever the opportunity is ripe.

Now about SEATO, I do not know much. It seems to be somewhat too insubstantial to be really effective. Most SEATO members have had too little experience as independent countries, and the organization is meaningless without Japan to give it backbone. What has happened to China should serve as a warning. Japan must be invited to join SEATO, and she in turn must accept the invitation, so that East Asia can be safeguarded against communism.

If the aim of SEATO is self-defence against communism, then Japan's Constitution would afford no obstacle to her membership. Japan should participate to strengthen the economic and industrial, if not the military, sinews of the organization. In any case, I am glad that SEATO is there

to stand as a system of collective defence—a bastion possessed of sufficient moral force to deter any precipitate Communist advance southward.

As for Japan, we have a more solid safeguard in the form of the Japanese-American Security Pact, which provides for a common defence against communism. There are some Japanese who insist that we should part company with the United States and preserve our independence by ourselves.

That sounds good, indeed; but nowadays no country can do it. This is an age of collective defence. It has become impossible for any nation to defend itself by its own efforts alone.

In Britain there are United States air bases. In France, as well as in West Germany, there are stationed British and American troops. When all free countries rely upon collective defence against the menace of communism, those Japanese who argue that Japan must do it alone remind me of the old adage: "The frog in the well doesn't know the dimensions of heaven and earth".

The Security Pact may well be revised according to changes in circumstances and the needs of the times. But the basic principle of common defence underlying that instrument endures. No Japanese wants his country made a Communist satellite. Nor can the United States afford to see Japan gobbled up by the Reds. That would immediate-

ly destroy the peace of the Pacific and threaten her own security.

I cannot help wondering what is the motive behind the clamour raised by some Japanese for the total evacuation of U.S. troops, and from where they derive their confidence.

Are they courting popularity in certain quarters ? What is the merit or advantage of exposing our beloved land to danger ? This point cannot be stressed too strongly.

There is much talk about trade with Communist China.

This is due to unrealistic thinking and an outdated attitude on the part of some businessmen and traders, who hark back nostalgically to the time when the Osaka market owed its prosperity to China trade. The situation on mainland China has now completely changed. If Communist China had any surplus for export, Russia would take it. We cannot expect much from Communist China, which can give us only leftovers. As regards textiles, for example, China cannot afford to buy high-quality products, while she is capable of turning out low-grade textiles by herself. As for such raw materials as iron ore or coal, too, any excess will be sent mostly to Russia.

Moreover, we should remember that trade in the hands of Communist China is a weapon of international politics. Very recently Peking, on the flimsiest pretext, not only sus-

pended private trade negotiations with Japan abruptly and unilaterally, but also cancelled all the orders that had already been signed. Such is the way of communism.

Japan does not cut a fine figure by seeking to placate Peking and ending only in drawing angry warnings from Taipei, or by begging Moscow to negotiate on safe fishing only to invite threats.

It is a long time—as far back as the Opium War, or around 1870—since Europeans and Americans first began to say: "China is awakening". In my opinion, China is still not properly awake.

True, there were, isolated from the vast population, outstanding individual—distinguished statesmen, accomplished scholars, brilliant diplomats. But the impression of an awakened China had been created largely by the activities of foreigners who resided there, did business, built schools and hospitals, operated factories, railways, and steamship lines, and even administered the country's customs and postal services. They were first British, French, and Americans, who were followed by great numbers of Japanese.

Now it is the Russians who are there to make China seem quite awake by "letting a thousand flowers bloom" in garish red. But I am inclined to believe that the 600 million Chinese on the continent as a whole are still in a dor-

mant state under Communist chloroform. I do not know how or when they will awaken and come to themselves.

Finally, Japan. I presume we are well awakened. We ought to be, after that reckless and disastrous war. Badly beaten and battered, Japan in the summer of 1945 was considered incapable of recovery. Tokyo, Osaka, and other major cities lay in ruins. The whole country was devastated. We had not enough food, shelter, or clothing.

The prostrate Japan is now back on her feet. Indeed, she is even better off than before the war, as you may see from the forest of modern buildings rising in Tokyo and the multitude of cars that swarm on its streets.

For a time, Japan rode high on a wave of unprecedented prosperity. But, early in 1957, the boom cracked as a result of ill-planned importing and overspending of her precious foreign exchange. For more than a year we have been taking punishment under a strict retrenchment policy and learning to proceed at a more sober and steadier pace.

But since the bulk of foreign currency that was expended has gone into equipment, we need not worry too much. We have the industrial wherewithal to stage a comeback when the time comes.

With one more effort we should be able to pull through. All we need is more confidence—more confidence, but not overconfidence. [1959]

Ⅳ

Quite apart from the psychological effect of defeat and occupation of our territory by foreign troops, both of which were things we had not experienced before, the actual ravages sustained in the war were literally incalculable.

When I formed my first Cabinet in May 1946, the devastation of the capital was such that its restoration to anything like what it once used to be was something I found hard to envisage. Hunger stalked our people, and inflation menaced those who still lived, while the red flags of demonstrators filled our streets.

The miracle of recovery, however, was accomplished in 10 years; and when I think of the speed and the thoroughness of it, I am reminded, first of all, of the fact that this would not have been possible without the aid afforded us in every way by the United States, and then that it could not have been done even with that aid but for the vitality and pertinacity of our people. I think I am justified in recounting with a certain pride the different stages and aspects of this recovery.

One of the things we found ourselves most short of at the end of the war was coal. To meet the shortage of labour during the war, our government had arranged for a

large number of Koreans to be employed in our coal mines; and on the cessation of hostilities these Koreans all left the mines on the pretext that they were now citizens of an independent nation and, therefore, need no longer work for us. The output of coal fell sharply in proportion to 10 per cent of the maximum attained during the war, and we were faced with a shortage of fuel such as we had not yet known in our history.

American aid and the combined efforts of our government and people saw us through the crisis, but it was five years before coal output once more came up to the prewar level of the year 1934-35. Yet another five years later, however, by 1956, the output had again reached the maximum of 50 million tons a year; and today, scarcity has given place to overproduction, so that the problem now is how not to produce more coal than is necessary.

The food situation in 1946 was perhaps even more critical. It also led directly to social unrest, and there were riots about the time my first Cabinet was formed when a part of the mob entered the Imperial Palace. Here again, however, the American Occupation Forces were most helpful; and we were able to tide over the worst period with the imported food they released to us, and also the food stored in different parts of the country during the war which most fortunately proved to be far more abundant

than we had expected.

The inflation had passed its peak by 1949, and, in parallel with this, an increase in fertilizer production, a more even supply of agricultural labour and improvement in farming methods so worked together that, from 1950 onwards, there was no more question of a food shortage; while from 1955 to the present, favourable weather and other factors have contributed to an extraordinary increase in the yearly production of foodstuffs, not only as regards rice and wheat but other agricultural products as well. With rice in particular, a production increase of 24 per cent over the 1950-51 figure was obtained in 1955, a further increase of 9.8 per cent in 1956, and yet another increase of 15.4 per cent in 1957.

This wholly unprecedented increase in rice production has been attributed, apart from weather conditions, to the improvement in agricultural methods. This is not to be denied; but in my opinion there were two other factors which must not be overlooked in considering the causes of this increase.

One was the agricultural reform which was introduced at the time of my first Cabinet, whereby agricultural land in our country came to be owned, for the most part, by smallholders instead of great landlords who rented their land to tenants. This acted as a greater incentive towards

production.

The other was the system of stabilizing the prices not only of rice and wheat but of agricultural produce in general. The law for this was framed at the time of the food shortage with the object, at first, of obtaining a cheap and even distribution of food; but with the steady increase in agricultural production, the law has come to be operated more and more in the direction of preventing an undue fall in the prices of agricultural products, with the consequent effect of encouraging food production.

The increases, at any rate, in home-produced food resulted in a corresponding decrease in imported foods, so that, whereas with rice alone over 1,000,000 tons had to be imported yearly from 1953 to 1955, the amount fell to 700,000 tons in 1956 and 340,000 tons in 1957, the last figure coming to rather less than a quarter of the maximum imported in one year.

Electric power plants suffered least from the war, comparatively speaking, and were the quickest to recover of all our basic industries. Even so, however, 44 per cent of our coal-fired electric power plants had been destroyed in air raids; and together with other equipment, the total loss of property was estimated to be more than 20 per cent of the whole. Added to this, the want of repairs during the war years and the superannuation of machinery, as well as lack

of coal and the poorness of its quality, caused a serious shortage of electric power in the years following the war. Our electric power output had been 27,300 million kw/h. in 1936, going up to 38,600 million kw/h. in the peak year of 1943, which fell to 23,100 million kw/h. in 1945, the year of our surrender. Repairs and additional equipment were urgently needed; but it was considered unwise to raise the electricity rates as having an adverse effect on industry and national living in general, and it was not easy to find other means of raising the necessary funds. Still, such obstacles were overcome in time, and by 1954, nine years after our defeat and surrender, the output rose to over 60,000 million kw/h. and to 81,300 million kw/h. in 1957, or twice the maximum reached in prewar years.

With the improvement in output of coal and electric power, the other industries rapidly recovered also. The index number given by our government bureaux for 1946, the year after the war, with 1934-35 index taken as 100, fell to as low as 30.7; but this rose to 83.6 in 1950, the year the Korean War started, and leaped to 114.4 the year after and has since steadily continued to increase. It was 180.7 in 1955; and it became 257.2 in 1957, or two and a half times the prewar figure.

Of course, the increase has not been effected evenly in all branches of industry. According to the figures for

1956, the chemical industry stands highest with 442.9; while the textile industry, which before the war led the world in exports, only recovered its prewar level in 1956, with the index coming to 109.2 even in 1957. Still, this is as regards the textile industry as a whole; and although silk no longer holds its predominant position among exports, the export of cotton goods has once more risen to the first place in the world and in 1957 accounted for 33 per cent of the world total.

Our postwar overseas trade has far outstripped anything done in that field in the years before the war. Changes have naturally occurred both as regards monetary value and the countries receiving our exports; but the fact that, whereas in the year 1934-35 neither export nor import came to more than $1,000 million, exports in 1957 were $2,858 million and imports $4,283 million should be sufficient to show the difference.

In the year immediately following the war, our overseas trade was under the control of the Occupation Headquarters; we had lost the natural resources we formerly possessed in Korea and Formosa; China, which had been one of the greatest buyers from us, was now closed to us; silk which used to be the mainstay of our export had been ousted from the international market by the development of chemical fibres. We needed to import goods to repair

the ravages of war, and we had no ships in which to bring the goods, nor money to pay for them; nor did we have anything to export to get money. In fact, such a thing as overseas trade had ceased to exist.

It is in view of these handicaps under which we were placed that I am dwelling with something approaching complacency on the changes achieved since then.

This rapid expansion of our overseas trade has inevitably caused friction in all markets into which our goods have found their way. Of these, cotton goods have been the subject of most complaint in America and Europe, it being argued that Japanese cotton goods are quoted too far below the current prices and so tend to flood the market. The same complaint is now being made against other Japanese goods from chinaware, veneer, and umbrella ribs to precision goods, such as cameras, sewing machines, and transistor radio sets. It may very well result in legislative measures being taken against their import in the countries concerned and is even now to be deplored as not tending to foster friendly feeling in these countries.

The cause of this may certainly lie in part in the lack of a proper understanding of commercial morality among our businessmen; but that this expansion should have been possible does seem to show that our people have begun to recover their technical ability with the greater stabilization

of economic conditions.

In no other field is this recovery better illustrated than in that of shipbuilding. This industry had been built up in the past to meet the requirements of our Navy and the merchant marine. Our dockyards and other equipment were about to be drastically reduced under the terms of the Potsdam Declaration; but the change in the international situation saved them from this fate, and our still extensive shipbuilding facilities were preserved intact in the state they were found at the end of the war. This was instrumental in bringing about the rapid recovery of our shipbuilding industry which, after serving to put our merchant marine on its feet again, turned to building ships for export. Lloyds' figures show that the total of ships built by us came to 1,746,000 gross tons in 1956 and 2,433,000 gross tons in 1957, thus leading the world in this field by a considerable margin.

All this has resulted in a definite improvement in the general living conditions of our people. We have to take into account the great change which has taken place in monetary value since the war in considering the increase in individual income of our people; but that effected in the income of our agricultural population due to our policy of stabilizing the prices of agricultural products on which I have already dwelt, and the increase in the income of our

city workers from the improvement in our labour-capital relationship, have contributed greatly to the stabilization of the national economy and so of the purchasing power of the public.

Depression menaced our national economy three times since the war; but prospects did not lead to panic as they most certainly would have done in prewar days, and recovery was effected soon after in each case. The two factors pointed out undoubtedly helped in this, which means that our economic recovery since the war as a whole has been one of quality as well as quantity.

National health has also improved. Our death rate never went below 20 in 1,000 before 1926 and was still 16.8 in 1935. This fell to 9.9 in 1951, however, and to 8.3 in 1957.

This is clearly due, not only to the recent strides made in medical science and drugs; but to the decrease in the infant death rate, which from 106.7 in 1,000 in 1935 has fallen to 40.1 in 1957.

There is no question that our people are better protected today against death and poverty than they were in the years before the war.

We have now to face other problems of greater consequence, perhaps, in relation to the future of our country, but that of making good the material damage suffered in the war certainly no longer confronts us. [1960]

V

The development of airways throughout the world has made possible the frequent visits of heads of governments to each other's countries. When I first went to Europe, it took 50 days by boat from Yokohama to reach my destination; and even to San Francisco, it was a fortnight's voyage.

Now it is only a matter of a few hours, or a day or two at most. The change brought about by the progress of air transport is truly remarkable.

I myself have never felt any danger in going to places by aeroplane. Once, shortly after the First World War, as far as I can remember, I booked a passage by air from Geneva to Paris. The morning of the day the plane was due to leave, I had a telephone call from the aviation company to say that the flight would not take place on account of bad weather, to be followed soon after by another call saying the plane would fly after all. I hurried to the airport and found the place enveloped in a thick fog. Some of the passengers had already taken back their money and gone home, expecting anything to happen in such weather. I would have liked to have done the same, but some 20 people from our Embassy had come to see me off, and an exhibition of timidity seemed uncalled for. I got in, and the

plane immediately got into fog so thick that nothing could be seen, which was aggravated by our encountering a series of air pockets. The outlook was none too good; and then I remember the pilot turning to me with a smile and saying:

"It's quite all right. The plane is made in a way so it won't fall".

The pilot was right; and since vast progress in aviation has been made since those days, I now have no apprehension at all.

Frequent meetings between heads of governments have this advantage that difficult problems are often given much quicker solution. Perhaps, in some cases, too quickly. Mr. Khrushchev, too, has taken to visiting foreign countries of late; and in Southeast Asia he has defined the new American imperialism. In Paris, he has purposely stressed the dangers of German militarism, drawing his examples from the Nazis, with the obvious intention of causing a rift between France and Germany. He proposes disarmament and urges the possibility of peaceful coexistence between East and West, but at the same time he brings up the question of Berlin and denies the right of Western powers to station troops in Berlin when he cannot have his way with the powers, threatening to conclude a separate peace with East Germany. His attitude implies that peace is not what

he desires at heart, and that he is speaking from ulterior motives; and that being the case, a real thaw in relations between the Soviet Union and the Western powers would still seem to be far off.

Mr. Adenauer, the West German Chancellor, came to Japan the other day, wanting no doubt to see for himself the actual state of postwar reconstruction in Japan and to further friendship between our two countries. I said to him when I visited him last in West Germany that I was a fellow worker of his in this matter of postwar reconstruction; that in contrast to Germany with her wealth of mineral resources like iron and coal and surrounded by rich neighbours, Japan has neither iron nor coal to speak of and very little of other natural resources, while her neighbours are all even poorer than she is; that in spite of these disadvantages, Japan had managed to raise herself from the ruins.

I told him that I had heard that Germany possessed at the time $900 million in foreign currency, but Japan had $1,200 million and so I had been thinking that Japan had done better; but that coming to Germany, and seeing with my own eyes the new Germany, I had come to the conclusion that actually Germany had done better, and that I had to admit defeat.

The difference has become more marked today with the foreign exchange reserves in West Germany rising to

$6,000 million, while Japan still has only $1,200 million. Our Finance Minister tells me that by other methods of calculation, it could be said that our reserves come to $2,000 million, but even then, that is only a third of what West Germany has.

Towards the end of last year, I visited the countries of Southeast Asia, and I did so with a definite end in view. We had lost through the war our sources of raw materials in Manchuria, Korea and elsewhere, and it was my wish to see the loss replaced by closer economic relations with the countries of Southeast Asia. The conclusion was forced on me, however, that the time was not yet ripe for such an undertaking, and I came back disappointed.

I had hoped that, by developing the natural resources of Southeast Asia, Japan would be able to obtain the raw materials needed by her industries, and that the countries of Southeast Asia would benefit from it at the same time. The actual state of affairs in these countries convinced me, however, that to embark on such an enterprise at the moment would be premature. It is useless to think of economic cooperation with these countries unless the peoples of these countries fall in with the idea, entertain the same hopes as we do in regard to an improvement of living standards and so on, and are in a position to sympathize with our aims. If it only raises their suspicions and makes

them misinterpret our intentions, it would only lead to trouble and estrangement.

If we were to send, for instance, agricultural experts to these countries to improve their crops, it would raise by so much their living standard and induce greater economic development, which would incite a desire in these peoples for still better living standards. This desire must first be there, or all efforts on our part to make them see the necessity for economic cooperation, however much we ourselves might believe in it, will be in vain. At any rate, I felt that the time had not yet come for it.

Before visiting Southeast Asia, I went to Australia and New Zealand, and this, too, because I wanted to see better relations established between these countries and Japan.

They had fought us during the war; and anti-Japanese feeling persisted in these countries after the war was over.

The feeling ran so high that after normal relations had been reestablished between our country and Australia, for instance, our Embassy in Canberra could find no one willing to let them have a house. We ourselves no longer considered the Australians as our enemies; we were, moreover, buying larger quantities of wool, wheat, and butter from Australia; and if there was still ill feeling against us there, it could only be due to misunderstanding. To remove this, it was necessary to make it quite clear to them that we

were no longer a menace to them and had no intention of becoming one again. But in order to do this, one had to go out first of all and see for oneself how matters actually stood in these countries, which was the reason why I decided on the trip.

When I had got there, I found that things had very much improved. The visits of the Australian Prime Minister and Minister of External Affairs to Japan must have had a good deal to do with it, since they would have found out during their trips what Japan and the Japanese of today were really like. I myself learned a great deal during my visit. It is a good thing for men in political and diplomatic circles to go on frequent trips abroad. The overseas missions of every country all do their best to send home detailed reports; but one gains more by seeing things for oneself, and if one has done that, one is better able to understand the contents of reports.

Our Crown Prince and Princess will be going abroad. This is on a goodwill mission, so a schedule including many countries is much to be desired. The Imperial couple will learn much from their visit to these countries and also help to foster friendly relations between nations. Our present Emperor was the first of our emperors to visit foreign countries; and for our Crown Prince, this will be his second visit, this time in company with the Crown Princess. Such

Imperial tours abroad benefit all concerned.

I was asked to go the United States and I answered at the time that in that case, I should like to be allowed to accompany the Crown Prince and Princess. But it turned out that the Imperial visit would take place in September, and so I went alone in May to attend the ceremonies commemorating the 100th anniversary of the first official Japanese diplomatic mission to the United States. I was asked again to accompany the Imperial couple to America in September; but I answered that, however easier travel may have become through progress in air transport, long trips were still trying, and that I was no longer very young.

A time comes when an old man feels that he would like to be left in peace. [1961]

Ⅵ

At the time of the Hagerty affair last year I spoke to Mr. MacArthur, then the U.S. Ambassador here, more or less as follows:

The U.S. Occupation Forces came to Japan and declared that, because Japan was a militaristic state with a completely militaristic social system, everything in Japan had to be overturned if peace was to be maintained in the Pacific. They proceeded to do so from the position of our

Emperor down to such things as our educational system and our police system. Our police system before the war had achieved quite a high standard; but now it was what is called "democratized" and must think twice before even laying hands on a thief. So, one could not expect it to become suddenly efficient in protecting Mr. Hagerty. We had only the Occupation Forces to thank for that. ......

We cannot have democracy without an efficient police system to defend freedom and protect human rights. But the idea today is that everyone is free to do anything he likes, which is an idea that has nothing to do with democracy; and yet, this is taken to be democracy in Japan today. Something will have to be done about this.

When I become Foreign Minister in September 1945, I went to see Admiral Kantaro Suzuki who had been one of my masters in the Peers'School, and asked him what policy I should pursue. The Admiral answered that it was important after a victorious war to wind everything up properly, but that, after losing a war, one had to know how to be a good loser.

I thought this very true; but, at the same time, I realized that it would not by any means be an easy task. I decided at any rate not to oppose everything that the Occupation said, nor to say yes to everything; since neither seemed to me in keeping with being a good loser. This meant that I

was going to say all that I felt needed saying but that I would cooperate at the same time with the Occupation Forces to the best of my power. Whatever harm was done through the Occupation Forces not listening to what I had to say could be remedied after we had regained our independence.

I acted on these principles, and faithfully carried out all that the Occupation Forces directed us to do without cavilling, wishing thereby to show them that we could be good losers. There was this idea at the back of my mind that, whatever needed to be revised after we regained our independence could be revised then.

But once a thing has been decided on, it is not so easy to have it altered. One of the major problems of Japan today seems to me to be the revision of those aspects of Occupation policy which need to be revised. We can do this only with the understanding of America. I am hoping that Mr. Ikeda will succeed in carrying it out, but even he and his Cabinet will not have the chance to go into every detail of the problem. This is what everyone who has to do with the government of the country today has to come up against.

I said to Mr. Adenauer that we Japanese have a great respect for foreign civilization, that we are always sending people out to those countries to gain more knowledge; that

we have a blind faith in all that comes from abroad, and that our peculiar idea of democracy stems from this. However, we seem singularly oblivious of the nature of Communism, which is not the reaction of the people of West Germany where refugees from East Germany come in hundreds every day to tell those in West Germany what Communism really is like. In this way, the dangers of Communism are made known to all, without the German Government having to do much in the way of counterpropaganda. ......

In a sense, however, we Japanese are fortunate in this. Our country is not divided into two, one-half of which is Communist, and when the Russians wanted to take over Hokkaido during the Occupation, General MacArthur had the courage to give a flat "no" to their demands. Had the Soviet Army come into Hokkaido it would have become another Poland, and there is no knowing what we Japanese people as a whole would have been subjected to. As it is, although we have diplomatic relations with the Soviet Union, not many Russians come into our country, and we are still cut off diplomatically from Communist China.

This means, at the same time, that we are given little opportunity of knowing what Communism is and its real menace; to our radically-minded university professors and the like Communism seems to represent all that is best in

progressive liberalism and enlightened democracy. It shows that these people know nothing of Communism.

There is a famine now in Communist China, and they are spending what foreign currency they have in importing millions of tons of food from Canada and Australia. I myself remember the floods and hurricanes during my tenure of office as Prime Minister, and how terrible our own food situation was then. But this was due to our spending all the money during the last war on guns and war supplies and neglecting the repair of dikes and other peacetime measures necessary to safeguard the lives of our people. With the returning prosperity of our nation as a whole, we have been having bumper harvests continually for the last seven or eight years. It is the result of the care that is once more being taken of our people.

In Communist China, the people are made to work as hard as they can, and it is only the state which benefits from all their labour. This would naturally take away all real incentive to work, and it is this defect which lies at the root of the present situation of famine. Natural causes may have had something to do with it, but man either remedies or aggravates such causes. There can be no famine in a country like China with its rich soil and industrious population, unless it is through bad government. Our own experience with floods and hurricanes teaches us this.

But in spite of it, Communist China and the Soviet Union would have us believe that in the not distant future they will overtake the United States in production, which is something that cannot possibly happen. Figures produced to support their contention are of such a nature that only people like us Japanese with our carefree attitude towards inaccurate statistics could take them at their face value. But our progressive thinkers do so, and think that they are thereby being progressive.

These people would seem to be completely unaware of Communist subterfuge. They would believe in peaceful coexistence because the Communists say it is possible. But Communist China regards Japan as an enemy country and emphasizes its view that the Japan-American Security Treaty was entered into with the object of invading China; and when Mr. Hagerty comes to Japan to prepare the way for the American President's visit, tens of thousands of people rush out to demonstrate against him, much in the manner of a revolution; the Americans being, of course, the tyrants.

That can hardly be called peaceful coexistence. Our Socialists and labour unions seem ready to carry out a revolution with the backing of Communist China. One of them was actually heard to declare that the United States was the common enemy of Japan and China. Communist pro-

paganda could not have achieved a greater success.

There should be a limit set to gullibility. We Japanese are apt to believe anything that foreigners say, and this is particularly unfortunate when the foreigners happen to be Communist Chinese and Russians. Americans should take more note of this trait in our race; instead of which, they also take us at our word, and opinions are expressed in America that we are truly procommunist and not to be relied on. They should study the peoples of the world more and form their policies accordingly. The Korean coup d'état is a case in point. That there should be 40,000 or more Americans stationed in Korea, and that they should have been quite unaware that such a thing was in the offing can be accounted for only by the blind faith American tend to have in their own policy.

Although geographically situated in different hemispheres, Japan and Britain are alike in many respects. Both are restricted in territory, and both depend for their existence on foreign trade. It is a different story from the United States with her immense territory and rich natural resources, and so the British are in a better position to understand us Japanese. Mr. Macmillan will soon be on his visit here, which seems to me to be a very good thing. Britain could play an important role as mediator in questions arising between Japan and the United States, and this

would be to the benefit of all three countries, help to stabilize Asia, and so contribute by so much to world peace.

There is at the moment only an organ of some sort to discuss military matters between Japan and the United States. I should like to see a joint committee set up to discuss political questions among Japan, the United States and Britain. Mr. Macmillan's visit ought to afford an opportunity for the setting up of such a committee for the free exchange of opinion between the three countries.

The Anglo-Japanese Alliance played a great stabilizing role in Asia. The British trusted us, and we fought loyally on their side in the First World War. The British annulled the Alliance, with a view perhaps to carrying on with only the stabilizing influence of the United States in Asia. But without the stabilizing influence of the Alliance, our military men saw fit to overrun Manchuria and China; the Second World War started, which was a blow to Britain and reduced China to chaos; and everyone knows what happened to us. There should be more opportunity for free discussion by Japan, the United States and Britain to determine future policies in Asia.

I said to Generalissimo Chaing Kai-shek when I saw him the year before last, that he was wrong in maintaining his policy of keeping an army ready at hand for an attack on the Chinese mainland because no one wants war, least of

all the United States, with whose aid the Nationalist Government is holding Formosa. I said that such a policy was suicidal. I told him that this did not mean he had no hope at all of getting back to the mainland. If he governed Formosa well and made a really fine job of it, the Chinese on the mainland would start to look towards Formosa. The policy the Communists are pursuing in China is bound to lead to trouble sooner or later; and when the limit is reached and there is a prosperous Formosa there before their eyes, the Chinese will not hesitate to welcome the Nationalists back again.

Generalissimo Chaing did not say anything to this. But the fact remains that Japan and China are too closely related historically and geographically for us to leave China to her own fate. Something will have to be done about this also. [1962]

『大磯随想』一九六二年九月　雪華社
『世界と日本』一九六三年七月　番町書房

本書には、今日の意識から見て不適切と思われる表現が使用されていますが、刊行当時の時代背景および著者が故人であることを考慮し、原則として発表当時のままとしました。

中公文庫

大磯随想《おおいそずいそう》・世界《せかい》と日本《にほん》

2015年5月25日　初版発行
2024年1月15日　再版発行

著　者　吉《よし》田《だ》　茂《しげる》

発行者　安部 順一

発行所　中央公論新社
〒100-8152　東京都千代田区大手町1-7-1
電話　販売 03-5299-1730　編集 03-5299-1890
URL https://www.chuko.co.jp/

DTP　嵐下英治
印　刷　大日本印刷（本文）
三晃印刷（カバー）
製　本　大日本印刷

Published by CHUOKORON-SHINSHA, INC.
Printed in Japan　ISBN978-4-12-206119-4 C1121

定価はカバーに表示してあります。落丁本・乱丁本はお手数ですが小社販売部宛お送り下さい。送料小社負担にてお取り替えいたします。